霊界の実相と地上生活

李相軒先生が霊界から送ったメッセージ

【霊界の様相編】

世界平和統一家庭連合

はじめに

人類の真の父母として来られた文鮮明《ムンソンミョン》・韓鶴子《ハンハクチャ》御夫妻（以下、真の父母様）は、「統一原理」を解き明かし、真理を通して私たちを無知から解放してくださいました。その内容は『原理講論』をはじめとする八大教材教本、天一国三大経典などとしてまとめられていますが、真の父母様はその中でも、特に天の父母様（神様）、霊界について正しく知らなければならないと、再三にわたって強調されています。

私が生涯をかけて教えてきた内容の中で、最も重要だと強調してきたことがあります。それは、神様と霊界についてははっきりと知らなければならないということです。言い換えれば、漠然と頭だけで知り、数学の公式を覚えるようにして理解する神様ではなく、私たちの心臓に、そして骨髄の中にまで神様の存在を刻みなさいというのです。

……霊界についても同じです。人間の選択権外に厳然として存在する死後の世界を正確に知っていてこそ、現世において私たちの人生の中で徹底的に準備することができるのです。（天一国経典『平和経』二八一ページ）

神様についてはもちろん、霊界についても、私たちはまず、真の父母様御自身が語られた膨大なみ言《ことば》を訓読することで、正しい理解を深めることができます。

それとともに、統一思想を体系化した李相軒《イサンホン》先生（三十六家庭）が一九九七年三月に昇華《ソンファ》（聖和）後、霊界から送ってこられたメッセージをまとめた『霊界の実相と地上生活』の内容について、真のお父様は「事実である」と語られました。

これは、妄想的なものではなく、実相です。皆さんは感じることができず、見ていないので、これを土台にして、知らなければなりません。霊界の実相をはっきりと知ることによって、内外が一つになるのです。内外、心と体が一つになります。これが、相軒氏が霊界に行って整理した事実です。皆さんはこれを知らなければなりません。疑ってはならないのです。（『文鮮明先生マルスム選集』二九七巻二二三頁、一九九八年十二月一日）

李相軒氏が霊界に行って、霊界全体の関係ある場所をみな訪問しながら、神様の命令によって、地上に伝達できる内容を教材のようにすべて書き、送りました。それを見れば、霊界の組織編成についてはっきり分かるでしょう。すごいことです。

相軒氏が切実に願うのは、自分がここ（霊界）に来てみて、統一教会員が苦労するかと思ったので、先輩として霊界に関する内容を教えてあげることによって、地上での生が終わり霊界に入って暮らすようになるときに役に立てば、ということです。これは数千年、数万年、助けてもらうことになるのです。（『文鮮明先生マルスム選集』三〇三巻六九頁、一九九九年八月）

李相軒先生は生前、様々な分野において統一思想的観点から分析を行われましたが、霊界についてだけは質問されても答えられず、心残りだったといいます。

神様と真の父母様は、そのような李相軒先生を立てられ、霊界はどのような構造になっており、神様の愛はどのように現れるのか、統一食口《シック》はどのような姿で生活しているのかなど、詳細なメッセージを送るようにしてくださいました。その内容は、私たちが地上生活を送るに当たって、非常に示唆に富むものばかりです。

天一国の実体化に向けて、真のお父様は霊界で、真のお母様は地上で陣頭指揮を執り、摂理を進めていらっしゃるこの時代、私たちが霊界について正しい理解を持つことがますます重要になってきています。

そこでこのたび、二〇〇二年に「合本版1」として出版された『霊界の実相と地上生活』から、主に霊界の様相に関する部分を抜粋してまとめ、出版する運びとなりました。

本書が、誰もがやがては行くことになる霊界について正しい理解を深め、意義のある地上生活を送る一助となれば幸いです。

世界平和統一家庭連合

霊界の実相と地上生活

【霊界の様相編】・目次

第二部　天上天下の救世主・真の父母

第三部　天上の秘密

第一部　霊界の実相と地上生活

第一章　真の父母様に捧げる文

一　真の父母様に

「父母様、私の手紙をお受けになり、慰められますように」と祈られて、語り始められた。

父母様、これまで玉体御健勝であられましたでしょうか。私、相軒《サンホン》が涙で親不孝のお許しを願います。御苦労なさる父母様の前で、先にここに来るようになり、申し訳なさを禁じえないのでございます。

これまで三百六十万双国際合同祝福式を完遂なさるために、連続する御苦労、この息子はよく存じております。

ここ天上でも、階層ごとに食口《シック》の幹部たちが回りながら、皆が大変努力しております。地で苦労しておられるので、ここ天上は、私たちが整理して伝道しようと努力しますが、根本は父母様が来られてこそ、まとめられるようでございます。御苦労なことを再び負わせてしまうようで、申し訳なく思うのでございます。

天上の祝福式は、お父様がなさるべきことですが、多くの人たちが待機しており、期待しております。

私どもは、地獄の門が開かれて、解放の喊声《かんせい》がわき起こるであろうと講義して回っています。私どもが最善を尽くして活動したといいますが、お父様の前には何でもなく、ただお父様の御苦労を少しでも軽くしてさしあげるためでございます。

お父様！　私が地上にいる時、地上人たちが霊界の事実について質問すれば、口がふさがりました。学術セミナーのたびに、霊界について質問する人たちがいましたが、明快に答えられなかったのです。

また、私自ら解くことができなかった謎のような問題が、霊界の事実でした。そしてついに地上で霊界論を整理できず、ここに来るようになったのです。

それで、私がこの国に来て、霊界の事実を詳しく整理して、地上に送ろうとするのは、第一に、地上に生きているすべての知性人たちの気掛かりを解いてあげたいからであり、第二に、食口たちの地上の暮らしを助けたいからであり、第三に、父母様の困難を少しでも助けてさしあげたかったからでございます。先に来た罪責感のためでもあるのでございます。

お父様！　これまで、私は無我夢中で霊界を回りました。あちらこちらをくまなく探し、把握しようと努力いたしました。

今、私が力を尽くして把握した内容を、地上にお送りしますので、誤った部分があれば、叱ってくださいませ。

これは、霊界の事実を明らかにすることで、食口《シック》たちに助けになることを願う心のためでございます。

また、父母様が天上に来られれば、霊界を整理なさるのに、あまりに御苦労なことと存じ、地上人たちが罪を犯さずに来ることを願う心のためでございます。

そして、神様がおかわいそうだからでございます。

お父様！　この幸福な所にお送りくださり、心から感謝申し上げます。親不孝な子に下賜された、「福人」という称号、実に畏れ多いことでございます。

許してくださった、私の地上の人生を、今整理しましたので、永遠の国であるここ天上で、熱心に地獄解放のために奮闘努力いたします。

お父様、お母様！　私たち夫婦が、父母様の恩寵《おんちょう》により良い所で楽に過ごすことをお許し願い、敬礼をお捧げいたします。長生きしてくださいませ。

一九九七年八月二十一日

相軒《サンホン》　拝

二　愛する食口たちへ

愛する食口たちに捧げます。

愛する食口の皆様。どんな言葉をまず書くべきか……。誰も避けることのできないここ、誰もが行くしかない天道のこの道……。

天上に来てみると、食口の皆様があまりにも思い出されます。どのようにすれば、天法に引っ掛からずに無事に通過して、みな神様の所にまっすぐに来ることができるか、と腐心しています。

霊界の法に一度引っ掛かれば、容易に解くことができず、この永遠の国に来て、また苦労するようになります。

食口の皆様、これまでどれほど御苦労が多かったでしょうか？　永遠の世界であるここ天上に来られたのちには、苦労から脱すべきでしょう。永遠の暮らしのために、瞬間の苦労を避けないでほしいとお願いしたいのです。良く生きなければなりません。誤って生きれば後孫が代わりに蕩減《とうげん》しなければならず、父母様が霊界を整理なさるとき、また胸の痛い事情をつくるようになります。

愛する食口の皆様！

私は李相軒《イサンホン》です。「統一思想」を確立した李相軒です。私なりに熱心に霊界を観察したことを要約して、食口《シック》たちにお知らせいたします。よく読まれて、地上の暮らしをよく生きられるよう願います。そうして、神様の痛い傷を癒やしてさしあげ、父母様が長生きされることを祈ってさしあげましょう。

一句一句を、皆様がよく読まれるよう願います。その日その日の暮らしをチェックして生きていかなければなりません。これは先に来た食口として、助けをするためです。食口の皆様、すべての安寧を祈ります。

一九九七年八月二十一日

李相軒　拝

第二章　霊界で見た暮らしと地上生活

一　霊界の姿と生活

私は李相軒です。私を李相軒でないのではないかと疑う瞬間に、とても自尊心が傷つきます。神様が認められるなら、信じて聞いてくださるとありがたいです。

霊界の姿

霊界は目に見える現象世界とそっくりのようですが、霊界のその膨大な規模は、地上とは比較になりません。例えば、現象世界の自動車の姿は、限定されていますが、霊界の自動車は、一台がいろいろな姿に変わります。前に行ってから後ろに行き、後ろに行ってから再び回ったりもします。回ったと思うと……。

車が瞬間的に山を貫いたりもし、車を運転する運転手の思いどおりに車が動きます。まるで子供たちが見る空想映画や、神秘の宇宙世界の姿のような動きです。

「交通事故が起きないでしょうか」と李相軒《イサンホン》院長に聞くと、「無秩序なようだが、徹底して法度を守る世界であるために交通事故はない」と語られました。

霊界の生活

地上で暮らす人たちが、朝に起きて夜に寝るように、霊界生活においても、起きたり寝たりします。しかし、朝に起きて、夜に寝るというのではなく、朝も夜も考えによって変わるようになります。

霊界に、地獄、天国、楽園という名を誰がつけたのか分かりませんが、本当に地獄、天国、楽園の生活の差はとてつもないものです。例えば、地獄にはこの世では見物することができない光景があります。

女が下半身も隠さないまま裸で立っていると一人の男がその女の下半身に触ります。すると別の女が、その男の下半身を触って、自分のものだと言いながらけんかするのです（雑多な者の集まり）。それでも恥ずかしい様子がなく、悠然と悪に染まっている姿です。

下駄《げた》を履いた日本の女が走っていて転ぶと、ほかの女がその下駄を自分のものにしようとして隠します。下駄をなくした女が捜していると、下駄を隠した女は、「知らない」と叫びます。すると周囲の人たちは「あの女が泥棒だ」と指さしながら、皆が走り寄って、ぶんなぐるのが常です。

指をけがした老人が、手が不自由で食べ物をつかめないでいると、周囲の若者が、器ごと奪っていって、自分の口に放り込むような生活が行われる所です。

髪を剃《そ》られた若い女が、髪の毛がないのを恥じて手拭いで頭を隠していると、人が通り過ぎるたびに、その手拭いをはぎ取って、手を拭いたり顔を拭いたりします。

女が手拭いを奪われてから、取り返してまたかぶると、今度ははさみで切って半分は持っていき、半分だけ頭に投げ掛けてやるのです。そうすると、その女は、恥ずかしい姿を隠すことができず、絶えず暗い所を探していくのです。

（一九九七年五月二十三日）

二　霊界で見た天国と地獄

天国は思いと行動が一つになる所

天国という名詞がどこから出てきたのか、私は知りませんが、すべてが天国とかエデンとかいう文字を書いています。天国（エデン）とは、思いと行動がまさに一つになる所です。

例えば「きょう、何かを食べたい」と考えれば、考えると同時に、自分の前に豪華な御馳走《ごちそう》が準備されているのです。また「きょうは誰かと一緒に、どこかに行かなければならない」と考えれば、既にそこに行っているのです。「服を着ないで、人が裸になって歩けばどうか」と思うと、本当に素っ裸になった自分になってしまい、ひとしきり笑いました。

「目の見えない人と、目の見える人が、共に天国に来たら、見えない人と見える人との差はどうか」と考えたら、おじいさんと子供が私の前に立っていました。子供は盲人で、おじいさんは目のよく見える人でしたが、「天国にも盲人がいますか？」と聞くと、子供が「地上にいる時は盲人だったのですが、天国には盲人という表現もないばかりでなく、見えないものがありません。すべて見ることができます」と答えました。「おじいさんは見えるはずなのに、なぜここに来られたか」と言うと、「目で見ることができるものと、心で見ることができるものがある」と答えながら、「目は見える物体だけ見るが、心で見るものは、その人に今現れないとしても、それはもっと明るく見える」という難しい答えをしました。

天国には、宝石よりもっと明るい光がいつも周囲にあります。その明るい光のために、お互い困難を覆うことができず、互いが読み取るようになるから、目と心によってすべてが分かるようになる所です。天国は光で表現するなら、輝く金髪、光り輝く恍惚《こうこつ》の金の光とでもいえるかもしれません。いつも心が平和である所です。言葉では表現できなくて、説明することの難しい所が、まさに天国です。

地獄は天国から想像することができない所

地獄は、おなかが空《す》いて、つらさ、ねたみ、嫉妬、不便なものがあまりにも多い所です。いつもつらいから、けんかしかすることがないのです。すべて不便です。

例えば、天国は安心して歩く自由がありますが、地獄は自分の思いどおりになるものが一つもない所です。思いどおりにならないから、人のものを奪ってきて、盗み食いします。

地獄とは、人間の世の中で考えるより、ずっと想像しにくい所です。

相軒《サンホン》よ！　それが愛である

地上でお父様が愛の話を出されると、いつも「凸と凹」に関するみ言《ことば》を語られたので、愛といえば「凸と凹」を考えるようになりましたが、愛というこの言葉が、いかにとてつもないものかということを知りました。

神様の愛というものは、膨大に広がっています。経験したことを書いてみると、次のようです。「相軒よ」と呼ばれるその声に、すべてが溶け出すような愛の感性を抱くのです。それは、どんな凶悪犯も、許すしかない感性を持たせるものです。愛の体臭や香りが、すべてを忘れさせる平安感、温かさ、安堵感《あんどかん》を感じさせます。一言で「愛」という単語自体がふさわしくないのです。もう少し良い、もっと柔らかい言葉がないかという感じを持つようになります。

歩むとき、言葉を話すとき、服を着るとき、「愛」という言葉自体に納得できず、考えて、また考えて、「愛」より愛をもっと濃く美しく表現する文言がないかと考えると、神様がおっしゃるには、「相軒《サンホン》よ！　それが愛だよ」と言われました。

「愛」という言葉一つだけ完璧に意味が分かるなら、地上には争いも苦難もなくなるはずです。「愛」という言葉は、それを完璧に解釈する者がいません。それが「愛」です。

天国と地獄の概念

天国とは、愛で一つになったまま、調和しながら暮らしていくから、あらゆる心配や気掛かりがありえない所です。

地獄とは、愛を忘れたまま、それが何か、分からない世界で暮らしていくから、争いながら、心配、気掛かり、不平、不満に囲まれて、ぐるぐる回っています。

要約すれば、天国は愛の至聖所であり、地獄は愛に背を向けた所です。易しく言えば、天国は愛しかなく、地獄は愛という言葉が芽も出さない所です。それゆえ、地獄の解放は、愛の芽を出して、愛の実を結んでこそ可能なのです。

（一九九七年六月一日）

三　霊界で見た中間霊界

中間霊界

霊界で見た中間霊界は、地上で考えていたのとは違った所でした。地上で功労が多く、国家、世界に対して功績があった人たちの中で、神様に仕えなかったとか、宗教に対して関心がなかった人たちなど、地上で功績はあるが、信仰と関係ない人たちがたくさん集まる所です。

ここでの暮らしは、天国のようでも、地獄のようでもなく、地上生活と似ていました。食事時間に例えれば、厨房《ちゅうぼう》で働く人、御飯を炊く人、器を洗う人、食べ物を用意する人がいて、みんな共に苦労して、苦労した程度の対価をもらっている所です。

また、人々の表情を見れば、天国では明るく、地獄では不安な顔ですが、ここではいつも休まずに熱心に働いて忙しい様子です。すべての人が熱心に暮らしながら福を受け、豊かに暮らしていますが、神様と宗教に対して関心さえない所です。

ここで「統一思想」を講義しましたが、ある人が質問するに、「『統一思想』とは、文字どおり思想を統一するということですが、人ごとに持っている思想が統一されれば、個体的な特性というものがなくなって、全く同じ人だけが暮らす世の中になりませんか」という、間抜けな質問をしました。ここでは多くの時間をかけないと、伝道できないような感じがします。

中間霊界とは、天国でも地獄でもなく、いろいろな階層が多い所です。そして、「統一思想」を理解させるのは難しく、「原理」も神様も理解させにくい所でした。一言で中間霊界といいますが、それは膨大な世界であるために、説明するのは大変です。

中間霊界では、統一食口《シック》と一般人が、特別に区別されています。統一教会の信仰をしてここに来た食口の姿は、躍動感があり、難しい表情が全く見えません。また、平和な姿をしていて、とても熱心に活動します。例えば、ワークショップとか、宴会、ゲーム、和動会等、いつも忙しく楽しくしています。

統一教会の食口でないほかの一般人の姿は、それとはとても違います。彼らが生活する姿には、元気がなく、躍動感がありません。活動する姿は大抵受動的であり、怠惰で、仲間同士が集まって、退屈な顔をして暮らしています。

ここで中間霊界に関して、統一食口と一般人の差について述べようと思います。

我々食口たちは、能動的であり、活気に満ちて生活しているのに反して、一般人はそうではありません。なぜ受動的であり、つまらない退屈な顔をして暮らすかというと、彼らには望みとか、希望がないからです。しかし、中間霊界にいる我々統一食口たちは、神様の根本のみ旨を知って、そこで神様の特恵を待って暮らしているために、望みと希望を持っています。

そのように同じ中間霊界といっても、我々統一食口たちがとどまっている所は、一般人たちがとどまっている所とは違うのです。しかし、気の毒にも、統一霊界圏に行けない食口たちもたくさんいます。その理由は以下のとおりです。

第一に、祝福を受けても片方が脱線して、家庭を成せなかった。

第二に、祝福を受けてもみ旨と関係なく暮らした。

第三に、祝福を受けても軌道から離脱した暮らしだった。

以上のような例が多いのです。

彼らは食口といっても、名前だけでしたが、中間霊界に来ています。この食口たちは、神様や真の父母様、興進《フンヂン》様の特恵があるとき、公式的に恵沢を受けることができます。

ここには食口の代表たちが、時々行って信仰指導や原理講義をしながら、レクリエーションもします。それゆえ、望みがあるのです。そしてまた、神様も興進様も、ここに関心を持っておられる姿をよく見ました。

したがって、中間霊界とは、一般の人も来ることができ、我々食口たちもいる所ですが、特別に統一食口たちは、まるで特殊学級が別の教室に集まって、特別な指導を受けるように、意外な待遇を受けています。これは驚くべき事実です。

祝福の意味は、地上に暮らす時はよく分からないでしょう。目に見えないからです。しかし、天の国では、とてつもなく特別な待遇を受ける条件になります。今、祝福の門が広がり、真の父母様がわずかな条件で、あらゆる人に祝福を下さるのは、すべての人に福を与えるためなのです。その理由は、父母であられるからです。

真の父母様の地上生活は、多くの子供たちに福を与えてくださる期間です。それゆえ、我々は周りの人たちの鼻をつかんで引っ張っていってでも、祝福を受けさせなければなりません。それが彼らに福を与える道なのです。

楽園

楽園は、天国と地獄の中間地点にある所だとすべての者が考えていました。しかし、ここ霊界で見た楽園は、地上で考えていたのと違っていました。楽園や、中間霊界は、地上で考えているようにきっちりと境界線を引いて説明することはできません。例えば、オーストラリアには、オーストラリア人だけが暮らしているのではないのと同じです。そこでは、いろいろな国の人たちがグループを形成して暮らすように、よく気が合う人たちが集まって暮らしています。

例えば、コリアタウン、チャイナタウン、ジャパニーズタウンというように、中間霊界においても、天国と地獄を除いたすべての霊人たちが、自分の階層、グループを形成しながら、仲間同士で集まって暮らしています。

（一九九七年六月一日～七月二十八日）

四　霊界で見た地上生活

貢献が多い地上人は霊界でどのように記録されるか

地上生活とは、人間が霊界に来る前に、自分の人生をどのように生きたかという、生活それ自体がこの霊界に記録されていく過程です。例えば、地上で大統領として貢献をしたとしましょう。その人は、霊界でどのように記録されるでしょうか。

自分個人のための人生ではなく、国家のために生きたので、その功績がこの国、霊界に記録されます。同時に、細々とした物質の不正、淫乱、誤った思想など、あらゆる記録が、まるで自分の自叙伝のように記録されます。

このような暮らしの姿が、地上で最後に整理されるとき、霊界のどこに、どのように導かれるのでしょうか？

神様が、無条件に現れて、「あなたは国の大統領として過ごしたから、どうぞこちらにいらっしゃい。御苦労だった」と言えば、どれほどいいでしょうか。しかし、とんでもありません。国の大統領もこの国に入ってくるときは、警護員の一人もなく来ます。自分の人生の基準の前に立つようになるのです。肉身の生命が終わったのち、少なくとも四十日が過ぎてから、完全な霊界人になるのです。

その人は、四十日間、地上と霊界を往来しながら、自分の居る所を定めます。定めるに際して、神様は介入しません。先祖たちが協助するにはしますが、先祖たちも一〇〇パーセントは協助できません。まるで風が吹けば、風のなすままに動いていくように、自分の居る所は、自分自ら探していくのです。誰も審判しません。それぞれ審判の位置が違うのです。そして自分の居所に行き、落ち着けば、誰がさせるのでもないのに、自然に自分の引導者が現れて導くのです。

霊界の級数によって、審判する雰囲気が違います。国の大統領を務めたとすれば、恵沢がないわけではありません。しかし、国に大きな貢献をしたことは恵沢の条件になるとしても、自分の存在価値が善の立場に立てなかったなら、断固とした処罰を受けるようになります。それが霊界です。

それゆえ、この国、霊界では、大統領だとか、あるいは、一番下だというような階級的な差が、霊的基準を左右するのではありません。いかに正しく人生を生きたかという道徳的な基準が、その人の価値を評価する所です。

「霊界では、学力の差による差別待遇はありませんか。地上では、学力のある人と、学力のない人の位置が違いますが、霊界ではどうですか。学力がなくて末端で働く人たちは劣等意識を持ってはいませんか」と李相軒《イサンホン》院長に尋ねると、「霊界でも、自分の専攻によって、働く分野が違います。しかし、劣等意識というものは、地上とは違います。自分自身の人生の基準の価値を知らず、誤って暮らしたことが、最も恥ずかしさとして現れるのです。学力水準の差に左右される地上とは全く違います」と答えられました。

宗教人と非宗教人の差

信仰をした人と、しなかった人の差は非常に大きいです。そこにも相当な階層があります。信仰をしていて、かつ善なる人は、本当に神様の霊界の恵沢を受けることができますが、信仰をしながら良心的でない人は、信仰をしなかった人と、ほとんど同じです。神様を知らない立場で、人生を生きた人はみな、神様と関係ない所にとどまるようになります。神様が特恵を施すときにも、非宗教人は、恵沢が与えられるのが遅いのです。

天国にも特恵があるのかと思うでしょう。神様が人間に神霊によって特恵を与えられ、人間を愛されるように、天国にも特恵があります。階層別に、自分の位置で自由の身となって、願う所へ移っていくときがあります。これは地上人の祈祷とも関係があります。その時は、神様の命令によって移動するのです。

食口《シック》たちの位置は、他の宗教人たちとどのように違うか

一言で言って、あまりにも大きな違いがあります。すなわち、霊界圏が違うのです。食口たちの各自の人生により、少しずつ違いはありますが、全体としての霊界圏の位置が違うのです。大きな違いというのは、神様に対しての位置のことです。

神様の対話を感じることも、聞くこともできない他の宗教人たちの領域があります。しかし、統一食口たちは、最初から大部分が神様と呼吸することができる位置にいます。ここでもいくつかの階層があります。グループによる差があるのです。申し訳ないことですが、李相軒《イサンホン》が見た霊界を明らかにすることで、我々食口が地上の人生を整理できるだけでなく、ここに正しく来る助けになるようなので、申し上げます。それが真の父母様のための道だと考えるからです。

三十六家庭の位置は大変なものです。家庭の階級においては最高です。しかしながら、最高の位置において赤裸々に自分の誤りをすべてあらわにして生きていく苦しみは、本当に表現しがたいものです。

地上にいる時、女性問題、公金問題、そのほかの問題に引っ掛かった家庭は、地獄にいるのではなく、神様のそばにいながら、あらわになった姿で生きていかなくてはなりません。それは言葉で言えない苦しみです。

例えば、他の女性と性関係を持っている場面が随時、皆の目に見えるのです。また、公金を自分勝手に使いながら、酒場に行って、女と堕落しながらお金をばらまく姿がはっきりと見えるのです。一言で、地獄よりもっと恐ろしい所です。

そのほかの家庭が犯した罪も、罪の質によって階層がたくさんあります。しかし、大部分は、神様の近くにある霊界圏にいます。罪を犯した者たちが、集まっている監獄もあります。ここで罪人が集まって、自分の罪を蕩減《とうげん》する方法があれば、どれほどいいでしょうか？　しかし、ここでは、自ら解決しうる罪の蕩減方法はないのです。

神様の特恵

霊界人は、地上にいる後孫の祈祷、献金、奉仕などの功績を通じて、監獄の門が開かれれば、そこから出てくるようになります。その後、引導者が現れて、自分の位置に合うように導くのです。高位の家庭が、神様のそばで自分の罪をすべて蕩減して平安に生きていくときはいつでしょうか？　自分が犯した罪を、後孫が蕩減してからのことです。後孫が祈祷して精誠を捧げれば、それを見る霊界人は、苦しくて逃げようとします。ところが、逃げていってもまた帰って来なければならない所が、自分の位置です。

地上人の祈祷と精誠があれば、蕩減期間が短くなりますが、大部分はそれを知らないために、苦しみを受ける期間が長いのです。

霊界で苦しみの期間が長ければ、地上の後孫は、知らず知らずのうちに、体の調子が悪くなります。先祖が苦しんでいるので、後孫も具合が悪くなるのです。つまり、先祖が犯した罪のために、後孫が罰を受けるのです。天道に逆らえば、行く道がありません。義の道に従っていくべきです。

（一九九七年六月九日）

五　霊界人と地上人の生活

霊界人の暮らし

霊界人は、地上の生活によって、霊界での自分の暮らしの位置が決定します。一カ所に落ち着いていれば、特別な特恵がない限り、千年過ぎてもその位置で暮らすようになります。霊界の位置が平安な位置にいる人たちの後孫も平安に暮らしています。しかし、地上で自分の人生を過った人は、霊界に来ても地獄のような不便な所で暮らすようになり、後孫はいつも苦労し、様々な問題が生じるのです。

地獄の暮らしのように、霊界で苦痛を受けている人を見れば、その周囲は暗く、監獄のように自由がないのです。食べるものも、着るものもありません。そのような位置にいる者の後孫の地上生活も開けていきません。そのため占いを見に行ったり、祈祷師を探したりします。そうして、先祖の問題が発見されると、祈って精誠を捧げます。そうすれば霊界にいる先祖が特恵を受けます。霊人は、その位置から移動したり、そこでの待遇が変わったりします。それは誰がそのようにするのでしょうか？　それが、きょう話そうとする主題です。

地上では金を使ったり、権力を借りたりしますが、霊界にはそれがありません。風が吹き、花が咲き、鳥が鳴くのは、誰かが命令したものではないように、自分が変わるのも、誰かの命令によるものではありません。自然に、自分が分かってそうするようになっています。霊界の罪人も、後孫たちが精誠を捧げれば、自然に自分が変わっていくことが分かります。

地上でムーダン（巫女《みこ》）が踊りを踊りながら先祖を呼び出すのは、その先祖にとって慰めになるだけで、位置を変えることにはなりません。しかし、次元の高い正しい祈祷によって特恵を受ければ、神様の命令によって天国の使者が訪ねてきて、より高い位置へ連れていきます。

地上人の暮らし

それゆえ、地上の暮らしがとても重要です。霊界で特別な恵沢を受けて位置が上がっていくということは、時間がかかりすぎます。また無知なので、よく分からないのが常です。ですから、いつも永遠の世界に焦点を合わせて生活し、地上での人生を整理しながら暮らす人が、賢明な人です。

どうせ来るようになるこの国、誰も避けることができないこの国は、必然的なものなのです。ですから、瞬間を誤って暮らす愚かな信仰者にならないよう願います。

膨大なこの国の暮らしについては、すべてを表現することはできませんが、一言で要約すれば、自分の人生の実であり、結実です。自分の農作業の収穫です。もっと易しく言えば、罪を犯せば地獄に、善良に生きれば天国に行きます。永遠の世界のために正しく生きなければなりません。


（一九九七年六月十六日）

六　地上人と霊界人の違う点

地上人

まず、地上人について調べてみましょう。地上人は、肉身の目で見て、触って、行動します。地上人は、いつまでという限定された空間の中で、制約を受けて暮らしていきます。例えば、人間は、十年、二十年、六十年等々の期間にわたって暮らします。また、地上人は、自分が願ったとしても、すべてがなされるのではありません。

地上人は、自分が考えている心を相手に正確に表すことができません。

地上人は、食べたいけれど、自分が動かなければ、食べることができません。

そして、地上人は、空間の中で行動しますが、自分の理想の世界を描くとき、考えだけで終わります。

また、地上人は、肉体的な苦痛を受けるとき、それを解決する方法について、よく分からないのです。例えば、信仰者は、祈祷などの方法で解決しようとする人もいますが、非信仰者は、病院に行って解決しようとします。

霊界人

しかし、霊界人は違います。霊界人は、肉体的な制約がないために、自分の活動範囲が無限です。例えば、見るとか、触るとか、行動するということは、考えると同時に起こるために、時間がかからないのです。

霊界人は、手を挙げて品物を移すとき、考えると同時になされるので、時間が短縮され、誰かの力を借りなくてもなされます。

霊界人は、自分の思いが、考えようとした途端に相手に伝達されるので、特別な言語の表現は必要ありません。

霊界人は、自分の論理展開が大変正確で明確だと感じられるとき、その伝達事項の正否によって、それが相手の顔にすぐに表れます。したがって、相手の気分の表現を自らが悟るようになるので、自分の事情も早く表現することができます。

霊界人は、最初から人間は神様の被造物であるということをみな知っているために、神様の心を傷つけることはありません（これが天国人と地獄人の差です）。

霊界人は、自分の分野で熱心に働けば、その場で最高の権威者になるとか、ある賞金が下りるとかいうことに対する欲望がないために、いつも平穏な顔をしています（この点は、天国と地獄との間に差があります）。

すなわち、霊界人は、衣食住の問題解決のために悩まされることがないので、顔の表情がいつも温和で謙虚です。

結論的に、地上人と霊界人の違う点を要約すれば、地上人は限定された空間の中で、限定された時間の制約を受けて暮らしていきます。すなわち、衣食住の問題を解決するために、忙しく活動するので、生きるのが大変で、苦しいのですが、霊界人は、制約するものがないために、無限に自由です。衣食住の問題のために神経を使うことがないので、無限に明るく謙虚です。これは自分の肉身生活の結果が、天国人として結実した際に当てはまることです。

霊界で見た相対性原理

『原理講論』や「統一思想」で論じられている相対性原理とは、相対が互いに授け受けすることにより授受作用し、合性一体化するとき、それを通じて喜びを受けることが、すなわち神様の創造原理の根本です。それについて霊界で見たものと、地上で見たものの違う点を話そうと思います。

地上では、主体と対象が授受作用を通じて合性一体化すれば、一つになるので喜びます。ところが霊界では、授受作用を通じて合性一体化するとき、一つになって喜びを感じることが、地上とは少し違います。例えば、相手に与えて、相手が受け入れるのに、時間的に与えて受けるのではなく、考えとともにすぐに合性一体化するため、外見から見るときは、授受作用するように見えないのです。このような相対性原理による合性一体化は、完成した個体が集まった天国で起きることです。

霊界で見た授受作用

授受作用の根本理論とは、互いがよく授けよく受けて、相対と愛で一つになるのを願うことです。それが天国を成す根本です。

天国における授受作用とは、文字どおり完全に一つになり、互いを眺めてみるだけでも授受作用になります。しかし地獄やそれ以外の所では、それぞれの階層によって、授受作用の差が大きいのです。

それゆえ天国は、創造原理の根本理論である相対性原理から見れば、神様の創造目的の根本を成している所です。それに対して地獄は、神様の根本理論を全く理解できない所なのです。したがって地獄に行って相対性原理一つだけでも教えるのは、とても重要な課題です。地獄解放の問題は授受作用をよくなしていけば、成されるのです。この点は、地上と同じ点が多いと思います。

地上生活と霊界生活との密接な関係

地上での自分の人生の姿が、霊界においてどのように整理されるのでしょうか?

地上で善と悪の生活の基準によって、霊界において自分が行くべき永遠の位置が定められます。地上生活の人生において、どのように誰を中心として生きたかによって、永遠の世界における神側、サタン側、無神論者の位置が決定されます。

地上では個人の功労、国家観、世界観によって基準の差がありますが、永遠の世界では、国家観、世界観より、もっと重要なことが、個人の人格形成です。地上のように、自分がより高い位置で働いたために、高い位置に行くという考えは間違っています。

それゆえ、地上生活での最も充実した甲斐《かい》のある人生とは、神様を中心として暮らすことです。

個人の欲を捨て、ために生きる人生を目標にして暮らせば、永遠の世界に来て、頭を上げることができるようになります。

質問：ミスコリアと、不細工な人が霊界に行けば、どのようになりますか？

回答：地上でのきれいな顔は、もちろんここでもきれいです。しかし、不細工な顔も、神様の光の中で、心の表現が顔に表れるので、無限に美しいのです。地獄に行った美人の顔と、天国に行った不細工な顔では、比較になりません。顔は地上でのように、丸い人は丸く、長い人は長いというようにに変わりませんが、地上の暮らしによって、霊界に来れば顔つきが変わるので、心を磨いて天国に来ようとする者が知恵深い人です。

質問：大胆な人や小心な人が、霊界に行けばどのようになりますか？

回答：大胆、小心は、神様の前に別に重要ではありません。大胆、小心に関係なく、地上で天国に来るために努力しなさい。

（一九九七年六月二十三日）

七　愛の根本の意味

愛とは、文字どおり相手のために精誠と力を尽くし合う心の状態をいいますが、愛には肉体や霊人体などの肉的愛、無形の心霊的な愛、信仰によるアガペー的な愛があります。

肉的愛

肉的愛とは、男女が性的に結ばれる愛をいいます。地上では、肉体が互いに会って愛し合い、ぶつかりながら感性を抱きます。しかし、霊界で二人の男女が、どのように愛するかということは、地上ではよく理解できないでしょう。ここ天国で神様に近い高級な人同士でなされる霊人体での夫婦愛は、まるで一枚の絵のようです。二人が互いに愛するとき、二人の体は完全に一体となるので、地上で愛として感じるような感性とは異なり、完全な愛を感じるようになります。それは、無我の境地で有を創造するような、すなわち神秘の世界に接するような感性です。また、互いに愛するその場面を目で見ることもできます。

地上での夫婦は、主に居間や寝室で愛し合います。しかし霊界の天国では、明らかにそうではありません。居間でだけ愛するような隠された愛ではありません。広い野原で花が満開の中でも愛し、美しい大地の上でも、砕ける波の上でも愛の行為をします。鳥たちが歌う山の中、森の中でも愛します。それを見る者も、あまりに美しくて酔うようになります。

地上でのように、見苦しいとか、恥ずかしいというような感情を抱かず、美しく感じられ、平穏な心で見るのです。ところが地獄では正反対です。

愛を隠れて行い、それを見る者たちは、悪口を言います。醜いと指さします。地獄での愛の場面は、地上生活と類似した点がたくさんあるのです。

心霊的愛

心霊的愛は、体と関係がないから、地上人には該当しないように思うかもしれませんが、地上人に絶対必要な愛です。体があってもなくても、人間には誰でも内なる人があるゆえに、内なる人をよく育てておかなければなりません。そうでなければ霊界に来て夫婦一体の完全な愛をなすのに、問題が多いのです。例えば、夫の内なる人はよく育っており、妻の内なる人はよく育っていなかった夫婦がいるなら、その家庭には完全な愛がなされません。では、どのようになるのでしょうか。清らかで美しい愛はなされず、互いに愛したいから愛そうという外的な発露によって愛するようになるのです。そのことを霊界でも感じます。

それゆえ、こぢんまりとした寝室や場所を定めていきながら、限られた愛をするしかないのです。では、そのような人は、いつ完成した愛をすることができるのでしょうか？

夫は妻のために、妻は夫のために愛そうとする心が、互いに一つになるとき、次第に完全な愛に成熟していくようになるのです。しかし、それは思うように早くできません。ですから、肉体を持った地上生活において完全な愛の実をよく育てなければならないのです。結論的に、地上生活の短い期間において、永遠の倉庫に貯蔵する完全な愛のために、祝福を受けなければなりません。

また、夫婦は互いに耕し、磨き、育てて、完全な愛の実を結ぶべきなのです。

アガペー的愛

父母が子供を愛するのは無条件の愛であるように、神様が我々人間を創造なさる時にも、人間に無限の要素を賦与なさったのです。これはアガペー的な愛です。しかし、人間の堕落と時代的な流れにより、神様が下さった本然の愛の基準が堕落していったので、神様も人間も、地獄という所のために、胸の痛いことが多いのです。それゆえ、神様が下さった根本の愛の価値を知ることによって、地獄が崩れ、地獄解放の道が開かれるようになるのです。

肉的愛、心霊的愛は、夫婦の間においてなさなければならないのです。ところが、このような愛の関係が崩れることによって、人間は根本から揺らぐようになりました。神様が我々人間に与えようとなさった無限の要素が愛です。これは、与えてもまた与えたくなり、与えれば一層大きくなるものですが、その根本が崩れたことで、人間救済の道が難しくなったのです。夫婦観を正しく立てて、互いに譲り合い、愛で一つになることで、人類の解放の道が開かれるようになり、永遠の国に地獄がなくなるようになるのです。

したがって、人を信頼し、互いに愛し合えば、地獄という所はありえず、人類に戦争はありえないようになるのです。この根本を誤解して地上の人生を生きたために、霊界がこのように複雑になり、うめく地獄の刑罰が生じたのです。愛を愛らしく育てましょう。夫婦の愛と、神様が下さった根本の本然の愛を、我々がよく育てて、大切に保存しなければならないのです。

（一九九七年六月十一日）

八　地上人を通じた霊人たちの活動

地上人に対する霊人たちの協助

霊界にいる霊人たちは、地上人の協助なしには、自分の現在いる位置から発展できません。すなわち、霊人たちは、地上にいる時の自分の人生の基準によって、霊界で永遠に暮らすのです。したがって、霊人たちは、地上にいる時に犯した罪を清算できなければ、霊界で永遠にその刑罰を受けて生きていくようになっています。

例えば、地上で人を殺した人が霊界に来れば、霊界では恐ろしく、残忍な刑罰があります。すなわち、刃物で人を殺した者は、自分が刃物に刺されており、銃で人を殺した者は、自分の心臓に銃弾が撃ち込まれています。また、石で人を打ち殺した者は、自分に石が当たって目玉が抜け落ちて、血のあざができたままでいます。足で人を踏み殺した者は、自分が足で踏まれて、そのままうつ伏せになっています。また、薬で人を殺した者は、自分が血を吐いて倒れており、斧《おの》や鎌で人を殺した者は、その凶器が自分の胸にそのまま刺さっているのです。

霊人たちの中には、地上での自分の人生の姿を隠そうと努力する者もいますが、努力しても、隠せるものでは絶対ないのです。また、霊人たちが、地上生活を清算しようとしても、それもまた、思いどおりにいかないのです。多くの霊人たちは、現在よりもっとよく生きようとしますが、それもまた、願いどおりにはなりません。

霊人たちは、地上を恋しがり、犯した罪を免れるために、あらゆることをしても、一度入力されたものは消えないのです。霊人たちは、みな一様に、地上で罪を犯したことを隠したり、消すのを願い、人に見られるのを恥ずかしがりますが、それを消して隠そうとしている姿まで見えるから、さらに悲惨です。

霊人たちはどのように協助するか

霊人たちは、地上人を通じなければ、現在の自分の位置から解放され、苦痛を免れることはできません。また、犯した罪を清算することもできません。そのために、自分の暮らしていた所に必ず訪ねていくのです。自分の後孫や関係のあった人を訪ねていって、信号を送り続けます。しかし、地上人がそれに気づかないために、家庭に病人が出たり、災難が起きたり、交通事故が起きたり、いろいろな異変が起きるのです。その原因が分かって、後孫たちが彼のために祈ったり、贖罪《しょくざい》条件を立てたりすれば、その功労の恵沢を受けて、自分のいる所から少し昇進するようになるのです。

ところで、後孫たちが全く気づかなければ、続けて事故が起きて死んだり、また事件が勃発して問題になったりすることが多くなります。それゆえ、信仰的に問題がないのに、大小の事件が連続的に起きる家庭は、間違いなく先祖に複雑な問題があると見るべきであり、祈祷などを通じて信仰的に解決するのが、最も早い方法です。

その時、心霊基準が低い占い師が解決しようとしても、霊界にいる霊人は、一時的に慰められるだけで、苦痛は根本的には解決されません。霊魂は慰安され、しばし静かになりますが、時間がたてば同じことです。それが神様を知る者と、知らない者との大きな差です。霊人たちは、地上人の助けなしには、自分の位置でいくら身もだえしても解決する方法がないために、霊人の苦痛がひどいほど、地上の後孫たちの暮らしは難しくなります。霊人たちは、霊界で地上人の協助を受けるために、いろいろな方法を用いて、地上の後孫たちを訪ねてきますが、地上の後孫たちが解決する方法を知らないために、だんだん家運が傾き、行く道が難しくなるなどの困難が繰り返されるのです。

地上人の助けで昇進する霊人たちは、現在の自分の位置からもっとましな位置に移っていくので、自分の暮らしが楽になり、地上にいる後孫たちの暮らしもまた平和になります。

地上人と霊人との関係

ここで、地上人と霊人との関係を調べてみましょう。

地上人と霊人の関係は、まるで針と糸の関係のようです。すなわち、地上人と霊人の関係は、心と体の関係と同じです。また、地上人と霊人の関係は、夫婦の間のように、引き離そうとしても、引き離すことができない一体の関係を持っています。ゆえに、地上人は、肉体を持って生きる時、すなわち、地上生活をする間、正しく暮らすべきなのは、当然の道理です。

しかし、そのように暮らせなかったことを悟るのは、大抵肉体を既に失ってしまい霊人になってからです。肉体を持って、地上にいる時、永遠の世界の準備をし、整理しながら、その日その日を正しく暮らすべきだということです。

既に肉体を失ってしまった霊人のために、地上にいる後孫は、どのようにすべきでしょうか。

地上から霊人のために祈ってあげてこそ、霊界にいる先祖の位置が良くなるのです。今日、真の父母様が我々に氏族的メシヤになれと命令されたのは、大変な特赦です。自分の名によって、自分の先祖たちのために祈って、救い出すことができるということは、大変な恩赦であり、特赦です。それゆえ、先祖たちのために祈り、平安な位置に安着させてあげることで、自分の地上生活が平安になるのです。ですから、自分の先祖たちの救いは、自分がするのが当然です。真の父母様が霊界に行かれてなされる苦労を少なくしてさしあげる道であることを心にとどめ、肉体を持った者として、地上生活をしっかりと締めくくらなければなりません。自分の先祖たちの救いのために、氏族的メシヤの使命をすべきなのは当然です。霊人たちの特赦の道になるのです。

「霊界人と地上人との関係において、霊界の良い位置にいる、何の困難もない霊人も、地上人の助けや、恵沢や、祈祷が必要ですか?」と李相軒《イサンホン》院長に聞くと、「人間は、霊人体と肉身という二重構造でできているので、肉体を失った者は霊界で、肉体を持った者は地上で生きていくのが原則です。ところで、地上人に信号を送るのは、その理由があるのです。血統という縁のために、良いことに信号を送ったり、悪いことに送ったりします。地上人は、これを原理的によく分別すべきであり、霊人たちは、地上人たちを混乱させてはいけません。血統の問題は、神様が干渉しない場合が多いので、我々人間は、神様の神霊によって生まれ変わってこそ、正しい暮らしになるのです」とお答えになりました。

地上人と霊人との一致点

地上人は肉身を持っていますが、思いどおりにできない場合が多いのです。霊人たちは肉身を失いましたが、自分のいる所では自由なのです（自由な所は霊人体の位置によって異なります）。地上人は、肉身を持っていますが、すべてが限定された生活です。しかし、霊人たちは、肉身はないが、無限の世界で活動します。また、地上人は、肉身を持っていますが、そこが永遠の居所にはなれません。霊人たちは、肉身はありませんが、永遠の居所に落ち着いています。このように、地上人と霊人の間の対比点を挙げれば無限に多いのです。

ここで地上人と霊人の間の一致点を調べてみましょう。

霊人たちの生活は、すべて肉身を持たず、霊人体だけを持っているために、霊人体の成長をなすことができません。では、肉身と霊人体の結実は、どのようにすれば完全な実を結ぶことができるでしょうか。地上生活において肉身と霊人体が分離する前に、地上での暮らしをよく締めくくってこそ、完全な実を結ぶようになるのです。

ところで、霊人体がよく熟さないまま霊界に来るようになれば、問題が生じます。したがって、それを解決するために、先祖と後孫との関係は複雑になるのです。それゆえ、我々の地上の暮らしが、どれほど貴重なものかということを、もう一度肝に銘じなければなりません。
神様が備えてくださった霊界の美しい邸宅で、永遠に暮らすためには、肉身を中心とした肉体の成長だけの人生を目標として暮らしてはいけません。霊肉間における完全な成長をなし、実を結んで、霊人体を完成させる結実の季節を喜んで迎える地上人の暮らしになることを願います。

（一九九七年七月七日）

九　神様の愛の形態

真の父母の思想

私、李相軒《イサンホン》は、地上から霊界に来ましたが、真の父母様の思想を接ぎ木させること以外には関心がありません。なぜなら、真の父母様の思想以外には、もっと次元の高い思想がないということを悟ったからです。

愛がある人と愛がない人

愛とは、人間が生まれる時、神様から受けた一つの貴い要素です。しかし、これが人間をして、世の中に生まれながらにして二人の主人に仕える要素として作用しているのは残念な事実です。

これが、我々人間において、不幸の始まりです。

愛とは、肉身を通じた夫婦の愛だけをもっていうのではありません。人間には、本来の性稟《せいひん》の中で、生まれる時から持って出てきた高貴な贈り物（エキス）があります。それが愛です。

ところで、人間は堕落によって、愛の本体を失ってしまいました。その結果、与えてくださった愛の上に、新しくペイントをしてつくった自己中心の偽りの愛に変わってしまいました。愛とは、神様の性稟の中で最も重要な部分に位置しています。このような神様の愛を、我々人間は、分析することもできず、掘り下げてみることもできません。今、そのような神様の根本的な愛を、この国、霊界に来て、見たとおりに記録しようと思います。

神様の愛

神様の愛は、描くことも、触ることも、表現することもできません。そして神様の愛は、我々の目で確認することもできません。神様の愛は、我々人間としては、理解しにくいからです。また神様の愛は、我々人間の頭脳で分析できないのです。

神様の愛は、我々に無限に与えても、減らず、依然として全く同じです。神様の愛は、まるで蛇口をひねっておけば、水があふれ出てくるように、休まずに与え続けてわき出しているのです。

神様の愛は、我々人間が受けて、また受けても、嫌がる者はなく、受けて、また受けても腹いっぱいになった者はなく、もっと空腹な者のようになり、謙遜になります。神様の愛は、かさや重さで測定することができませんが、我々人間に対して無限の快適な姿で変化しています。

神様の愛は、全世界（全人類）が受けて、そのすべてを神様にお返しするとしても、神様の愛のかさがもっと大きいのです。では、神様が人間を愛されるその愛の尺度が、どのように表現されるでしょうか。神様は、目に見えず、触れることすらできません。そして、限定的な物体でも、ある固体の塊でもありません。ところで、人間は、神様の愛をどのように表現し、何で悟るのでしょうか？「李相軒《イサンホン》を愛される神様」を分析しようと思います。

その時、「李相軒」と呼ばれました。明らかに、私の耳に声が聞こえました。まばゆく明るい光が、私の前後に、私の頭の上に放たれて照り返されます。その光の中で、不明の光の筋が私の心を捉えますが、それは表現することができません。私の能力では到底、表現しうるすべがありません。似たように表現するなら、まるで母の胸にうずくまった赤ん坊が、母の心臓の鼓動を聞きながら、母の目と視線が合うときに持つ平穏感とでもいったらよいでしょうか。これは、到底比喩にならないことですが、そのようにいうしかありません。

また、呼ばれる音声の変化によって、その美しい光彩も変わりますが、ただ全身が溶け出すような恍惚感《こうこつかん》です。突然、瞬間的に、自分一人で立っています。明らかに神様が見えないからです。このように恍惚な光が、どのように瞬間、瞬間、人間に訪ねてこられるか不思議なばかりです。

光として現れる神様の愛は、刻一刻異なっていました。大きな火、小さな火、丸々とした火、まるで地上で見た花火の光景のように輝く、燦爛《さんらん》とした光がいろいろな光彩になって、人間に愛の光として現れますが、その光を発する姿によって、感じられてくる感性も異なっていました。私が体験したこと以外に、他の者たちに現れる神様の姿を見ましたが、依然として神様は愛の本体であられました。

神様の姿は火であり光である

光が愛の姿であると、何で判断するのでしょうか。神様の姿は、火であり光であるために、神様の光を見れば、人間の心の中に、愛の要素がそのまま作用します。まるで、電気のスイッチを押せば明かりがつくように、神様の光を見れば、愛が作動し、人間の心の中は、愛の塊で和するようになるのです。

祝福の関門を広げた理由

神様が、本来人間に願われる根本的なみ旨は、愛で創造された当時の姿そのものになるということです。しかし、人間始祖の堕落で、その後孫たちは、初めから本性の愛を持って生まれることができませんでした。二重構造を持った人間、すなわち、二種類の指向性の心を持って生まれた人間なので、出発から誤った人間の構造が、神様の胸を痛めたのです。

それゆえ、復帰摂理でいう人間の根本復帰と、神様の圏内から離れた二種類の指向性の心を持った人間の問題を解決するためには、再び生まれる重生の過程を経なければなりません。そうして、原罪のない人間の姿で生まれてこそ、本来神様が願われた愛の本体である本性の姿に似ることができ、この国、霊界に来て、神様の完全な愛を体験することができるのです。

それで、重生の過程を経るには、真の父母様によって生まれ変わらなければいけないのです。これが祝福です。最近、祝福の関門を大きく広げて、大きな恵沢を下さる理由が、まさにここにあります。彼らは理解できないとしても、生まれ変わるという手続きを通じて、恵沢を受ければ、この国では祝福を受けた民になるのです。真の父母様が生きているうちに、多くの民たちに限りない特赦の道を下さるのですが、それを受ける者は天国人となり、重生の過程を経た者となるのです。そのように、理由なく、地上の後孫と先祖が共に福を受ける期間であることを知るべきです。

愛は神様の最も大きな贈り物

愛は、人間が世の中に生まれる時、神様から受けた、神様の最も核心的な重要部分です。人間は、それをそのまま相続すべきでした。しかし、それを誤ったことで、神様との関係が切れたので、これを回復するための方法は、人間が神様に似なければなりません。神様に似るための最善の方法は、神様の子女として、愛の本然の姿に帰らなければならないのです。

愛、愛、愛、それはすべてに勝ち、すべてを溶かし、すべてを成すことができる根本の力です。愛だけが、人間が神様から受けた最も大きな贈り物であり、私たちが神様の子供であるという証しです。愛！　失った本然の愛を探すため、苦労して努力しなければならないのです。

（一九九七年七月十四日）

第三章　原理から見た霊界の暮らし

一　主体と対象と霊界の法

主体

主体が対象に向かって何か与えようとする力の作用は、人間が肉身を持っているとき、現実に現れるようになりますが、これを「原理」では万有原力と表現したところがあります。ところで、主体と対象が、互いに授け受けする授受作用の力の根本は万有原力であり、その万有原力の根本となる力の主人公が、まさに神様です。神様から賦与されるその力は、主体が対象に与える力や、対象が主体に返す根源的な力として作用します。また、自ら発揮するのではなく、原因者である神様から賦与されたものとして、この力によって、私たちは存在しています。

それゆえ、存在界のすべての根源的な力は、主体と対象が相対基準を成していくとき発揮する力の作用として現れます。いかなるものでも独自的に、自ら存在するものはありません。生存するということ自体が、主体と対象間に授け受けする力があってなされることなのです。それゆえ、天上においても地上においても、すべて存在するための存在の力は、主体と対象間に授け受けする過程の中において現れます。

ここで霊界から見た主体と対象の力の作用を記録するなら、ここ霊界では、神様が主体になり、我々人間の霊人体は対象の立場に立つようになるとき、人間に命令されるその瞬間の神様の力が、すべての霊人たちに反映するのです。まるで、一つの影のように、一致するようになるのです。

例えば、神様が、「李相軒《イサンホン》！」と言いながら、何かを命令なされば、対象である私には、自ら命令に引かれていく本性が生じてきます。「神様、なぜそうなのですか、よく分かりません、理解ができません」などの疑問が全く生じず、ただそのまま自ら引かれていくようになります。これは、まるで磁石のN極とS極が引かれていく形態というべきでしょうか。

霊人体の授受の回路がこのようになされていくのは、主体の力のゆえであり、対象も同じ姿で引かれていきます。これが本来の根本の授受の原理、すなわち根本の力です。

主体が対象に与える力や、対象が主体に返す力の中で、どちらが強いか弱いかというのが問題ではないのです。互いに同一の力を与えて受けるかということが、より根本の問題です。ここで万有原力の力を、神様から賦与されているので、我々人間も神様から賦与された姿そのままで生きていくのが、本来のみ旨です。それゆえ、万有原力の根本となる力は、主体と対象が相対基準を成すとき、互いが同一の力によって作用してこそ、円満な授受作用になります。

例えば、夫婦（主体と対象）、動物（雄と雌）、植物（雄しべと雌しべ）など、すべてが相対基準を成していくとき、繁殖の力が生じるのですが、ここで互いに相容《あいい》れなければ、力の作用は起きません。

それゆえ、我々人間が存在するのに必要な力の根本となる力の主人公が、神様であられるので、神様を自分の心の中に迎えて生活しようという考えを持つようになれば、主体の力を正しく受けて、対象にも同じ力で反映するようになるのです。

対象

対象において、主体から受けようとする根本となる力を受けると同時に、返そうとする力が、自ら発光体のように起きなければなりません。これは、主体が神様から受けた根本となる力の主人公として現れるとき、対象も同じ力を受けることができるということです。それゆえ、主体と対象は、独自的に自分が先にとか、相手が先にというのではなく、同一の位置で授け受けるべきです。相対基準の高低を問うことができないのです。

例えば、夫婦間において。主体と対象が互いに一つになれないときに起きる相反作用は、神様から賦与された根源的な力ではありません。これは堕落性から受けたものなので、主体も対象もすべて神様から来る根源的な力を失い、レールから脱線したのと同じです。神様の主管圏内から脱するようになるのです。対象は、主体の根源的な力の作用によって反映するので、主体に向かって返そうとする本然の力から離れてはいけないのです。対象が主体に向かう力から離れようとするとき、対象は対象の力が授受の回路を成すように、努力しなければならないのです。

主体と対象が一つになること

主体と対象が、互いによく授けよく受けてこそ、本然の存在的価値の力を発揮します。しかし、一方が誤ると、本然の位置に移っていくまで、他方が正しく立たなければなりません。もしそうでなければ、神様から賦与された根源的な力は、離れてしまうか、失われてしまいます。それゆえ、主体と対象は、よく授け、よく受けるために、根本となる力の主人公である神様によく仕えることを願わなければならないのです。存在世界は、すべてが主体と対象の力によって生存しているので、主体と対象が一つにならなければ、すべてが破滅するのです。すべてが死の道に至るようになるのです。

主体と対象は、ただ一つになるために努力しなければなりません。究極的な本然の力を失ったり、堕落性に染まったりはしないかと、いつも点検しながら、永遠の世界に向かって小川の橋を渡っていくように、一歩ずつ前進してこそ、賢明な暮らしになるのです。

霊界の法は原則そのまま

多くの人たちは、神様の根本となる力が、万有原力の力だと思っています。しかし、この力の作用をどのように自分が所有するかは、よく考えていません。地上の人生を生きていく間、本然の力の価値をよく悟らなければなりません。本然のレールの上にいるとき、根本となる力が発揮されるのであって、レールから脱線すれば、本然の力の発光体は反映しません。レールの上を走っていくとき、そのレールをよく見ながら行かなければなりません。ここの霊界の法は断固たるものです。許しがありません。

地上では、親は子供を認めてやったり、愛で大目に見たりもします。親子間であるために、どうすることもできず、大目に見る場合もあるのです。しかし、霊界の法には、親子間でも大目に見る法がないのです。法であるからややこしいのではなく、原則そのままです。

愛の神様というのに、なぜ大目に見ることができないのかという疑いがあるでしょうが、根源である愛の主体であられるために、原理原則から無視するようになれば、秩序が破壊されるのです。永遠の世界のために、大目に見ることができないのです。すなわち、子供を愛するためにといって、原則から外れたものをお許しにならないのです。それゆえ、我々はすべて永遠のために、瞬間をうまく整えなければなりません。

このように李相軒《イサンホン》が言うのは、これから真の父母様が霊界を整理なさるとき、父母様を助けてさしあげようという、子女の道理を果たすためです。子女ならば、父母様に孝行し、父母様の困難を助けてさしあげる人生を生きるべきではないですか。

（一九九七年七月二十一日）

二　三対象目的と夫婦完成

三対象目的

三対象目的は、我々人間が神様からつくられる時に受けた、神様の貴い祝福であり贈り物です。これは、人間が神様の前に出ていくための前提条件として生じた原理です。ところで、人間は堕落によって人間相互間で授け受けする愛と美、夫婦間で授け受けする愛と美の関係性がうまくいかなくなりました。したがって、人間始祖アダム・エバのときから誤った三対象目的を、再び正して立てて、本然の位置に回復しなければならないのです。

神様を中心として、夫婦が愛と美を授け受けしなければならないのに、サタンの偽りの愛を中心として愛と美を授け受けすることによって、本然の授受の回路が壊れたのです。それゆえ、神様は、人間を通じて三対象目的の価値基準を再び回復して、愛の天国理想を成そうとされるのです。

夫婦の完成

神様が私たち人間に下さった祝福の中の一つは、子女繁殖です。これは、何らの条件なく与えて、また与えてくださるアガペー的な愛です。その愛が地上の暮らしの中で、うまく体恤《たいじゅつ》されないのです。しかし、かれることのない地下水の泉のように、無限に与えて、また与えようとなさる愛の大王が、まさに神様であられます。

我々夫婦も、神様の愛に似て、与えて、また与え、ただ与えてくださる神様の愛と一つになるとき、愛と美の価値基準は、神様の前に価値あるものとして捧げられるようになるのです。そのように、神様の愛のとおりに、愛を実践しながら、授受作用をして暮らす夫婦が、地上にどれほどいるでしょうか。

ここ霊界の天国は、夫婦の愛が神様を中心として、愛と美を授受しながら暮らす、美しい所です。三対象目的の基準を皆で捧げる所です。それゆえ、夫婦の愛には偽りの愛がありえません。神様を中心として、授け受けする愛なので、最高のもの、最上の愛の価値基準としてお返ししなければなりません。また、夫婦は、地上で生きていく間、三対象目的を中心とした神様の真の愛で、完全に一致する人生を生きなければなりません。そうでなくては、霊界に行っても、愛の天国を所有することはできません。

（一九九七年七月二十八日）

三　堕落性と重生

堕落性

堕落性とは、神様が本来願われる原理軌道から脱線した心的状態から生じる性質をいいます。ところで、どのようにすれば、人間はこの堕落性を脱いで、本来の原理軌道を再び回復することができるでしょうか？　神様が、我々人間を何の理由も条件もなく愛されるのは、本来、子供であるためです。人間が、本来神様が願われた軌道から脱線したのなら、本来どおりに再び帰ることにより、子供の立場で訪ねていかなければなりません。したがって、本然の立場を取り戻すためには、ある条件がなくてはなりません。

人間は、神様の子女としてつくられましたが、本軌道から離脱することによって、もう一人の主人に仕えるようになりました。二人の主人に対している人間は、神様が主人であることを完全に悟らなければなりません。すなわち、二人の主人を相手にする立場を分立し清算した後、神様の懐に帰ってきてこそ、完全復帰になるのです。

重生

完全復帰とは、それほど易しいものではありません。既に原理軌道から脱線することにより、神様の子供の立場から離れた人間には、堕落の血が流れているので、その血統を整理しなくてはいけないのです。すなわち、人間は、再び生まれなければなりません。ところで、生まれ変わるためには、重生の価値基準を知らなければなりません。その重生の価値を深く説明するなら、汚れた自分の血統を完全に聖別したのち、神様の愛を伝授されなければならないのです。再び生まれなければならないということです。

再び生まれるためには、既に生まれた自分の霊肉が、母の腹中に再び入って出てこなければならないという結論ですが、それこそ蜃《しん》気《き》楼《ろう》のような冗談ではないかと思うかもしれません。しかし、原理的に見るとき、我々人間は、小さい価値の蕩《とう》滅《げん》条件を立てて、神様の前に（再び生まれたという立場で）出ることができます。そのためには、仲保者がいなければならないのです。

その仲保者が真の父母様であられます。人間は、真の父母様を通じないで神様の前に出ていくことができる条件がありません。したがって、堕落性は真の父母様を通じてのみ脱ぐことができ、人間は真の父母様を通じて、神的な価値基準の本来の軌道に立って、子供として登場することができるのです。

我々はサタンから堕落性を受けましたが、自分自らの努力だけで堕落性を脱ぐということは、誤った考えです。真の父母様から受けた祝福の価値を悟り、み言《ことば》を信じ実践するようになるとき、初めて堕落性を脱いでいくことが可能になります。それゆえ、祝福の価値基準は、いろいろなみ旨を内包しています。真の父母の価値もまた、驚くべき事実です。そのことを、この国、霊界に来て初めて深く悟るようになるのです。

（一九九七年七月二十八日）

四　四位《よんい》基台と真の父母様

四位基台

四位基台とは、神様を中心として主体と対象が一つになって夫婦一体をなし、さらに、その基盤の上で子供を繁殖する基盤をいいます。神様の創造目的の根本土台の上で、主体と対象のみ旨に合わせて、子女としてつくられた人間は、神様の愛の圏内でよく成長し、本来願われたみ旨のとおりに、創造理想を成さなければなりません。

サタン主管圏になった世界が、神の主管圏の世界に完全に復帰されるとき、神様が本来願われた理想世界が成されるのです。神様は、復帰摂理を通じて、天国建設のみ旨を地上に成されるために、人間を探してこられました。したがって、地上人間たちが、子女の立場で神様の懐の中にまっすぐに来るようになるとき、神様を中心とした永遠の天上天国の世界が成されるのです。

天上天下《でんげ》の真の父母様

神様が成そうとした理想世界は、人間の堕落によりサタン世界に変わりました。そうなることで、復帰歴史の過程は複雑にもつれるようになったのです。復帰歴史は、もつれた歴史の一コマ一コマを解いていくことで、神様の主管圏に移っていくようになります。この摂理に結末をつけるための主人が、この地に来られることによって、天国建設は始まるのです。その方が、まさに真の父母様であられます。

真の父母様から始まった人類の救いの役事《やくじ》が、歴史発展に貢献したのは絶大です。このような根本のみ旨を立て、地上と霊界に永遠の理想を飾ることができるようになるのです。地上におられる真の父母様は、地上だけの真の父母ではなく、天上天下の真の父母であられるので、霊界の永遠の安息の主人、天国理想の主人公になられます。したがって、霊界にいるすべての階層の数多くの霊人たちは、真の父母様が霊界に来られて成されるようになる理想世界建設を待ち、それを希望として暮らしているのです。ところが、霊級の高い霊たちは、到来する希望の世界を知っていますが、下級にいる霊人たちは、恐ろしいこの刑罰の世界が、どのように変わっていくのか分からないのです。彼らには希望もなく、待つこともありません。ただ、苦痛の連続だけです。

それゆえ、地上で地獄の行列が多くなれば、霊界が複雑になり、霊界が複雑になれば、真の父母様が霊界に来られた後の、苦労と苦難の時間が多くなるのです。しかし、祝福を受けるようになれば、地獄行きは免れます。ですから永遠の世界の建設の先頭に立つ旗手になりましょう。それが孝行の道理を果たす道になるのです。ゆえに四位《よんい》基台完成は、すなわち天国理想の完成です。天国理想の完成は、真の父母様の前に孝行することです。

（一九九七年七月三十一日）

五　天国理想と天国の関門

天国

天国は、神様の子女であることを認められた者たちが集まった所です。彼らが天国の主人です。天国の実現は、自分の思いと行動が、ただ自分のためのものではなく、「ために生きる人生」を生きようとする思想を持った者たちによりなされるのです。天国では、どんなことをするのでしょうか。誰かのために、あるいは誰かのゆえに行うのではなく、自らの謙虚な姿で行動する所であり、行動の発露が生じる所なのです。

天国には、囲いがあるでしょうか。「来い」と言う者がいたり、「行け」と言う者がいる所ではないのです。誰かが命令する所ではなく、自ら神様の息遣いを知って行動する所なのです。天国には階層がありません。誰が高いとか、誰が低いなど、目上の人、目下の人が特にないのです。ここは、最高と最低の階層をいうのではありません。最高の位置にいる者も、最低の位置にいる者も、互いに愛する心で一つになっているために、地上のように、目上の人に対して手をもむような目下の人のもの悲しい姿はありません。それゆえ、天国の理想を成した者は、神様の理想を知って行動し、本質的な神様の深いみ旨を悟って暮らしていく者です。また、霊界の法は大変厳格です。コンピューターの精密さのように検閲は厳しいものです。ですから地上で天国の理想郷を眺めて暮らすことを努力しなければなりません。

相対性原理と天国理想郷

相対性原理の理論は、授受作用の原理により説明することができます。授受作用の本来の意味は、よく授けよく受けることだけがすべてではなく、誰を中心として与えて受けるかが根本であることを知るべきです。主体と対象が、互いに自分の位置で、自分の理想だけを追求してはいけません。授受の回路を通じて、根本の力の主人公が追求する理想に向かっていくとき、それがすなわち、神様に向かう天国理想の正しい道案内であることを悟らなければなりません。

相対性原理の主体的力は、対象に向かうとき生じ、対象の力は主体に向かうとき生じるのです。この二つの力は、神様に向かってまっすぐに進んでいこうとする相対性原理の基本になる力であり、根本の力なので、天国の理想郷は、相対性原理が実現された本郷であるといえます。

天国の関門

天国に入ってくるまでには、通過すべき門が多いのです。天国は自分が生きていた人生の実を取り入れる倉庫です。ここでは、どれくらいの賞金をもらうことができる袋になるかという、重量を量ってみるのです。すなわち、善と悪の重さを比較してみるのです。

地上での暮らしが誰のためのものだったか、ということが問われます。すなわち、①神様のための人生だったか、②自分個人のための人生だったか、③どのような国家観や世界観で地上に何を残してきたか、ということが問題となります。また、通過すべき関門が、あまりにも多いだけではなく、詳細に細部に検査されるようになります。まるで、漢江《ハンガン》の水が消毒薬で浄水されて、濾《こ》してまた濾して我々の食卓に来るように、天国に入ってくるまで通過すべき関門が多くあります。

守衛のおじさんのような方が立って、あなたは何番ホームに入るかと聞くのではありません。自分自らが、まるで磁石に引かれていくように、あちこちを通過しながら行くようになるのです。その関門を通過するたびに、自分の犯した罪のために拒否されるとき、その苦痛は本当に形容しがたいほどに苦しく、不安であり、恥ずかしいのです。

通過する所々に階層があります。我々が地上でいうように天国、楽園、地獄に区分するだけではなく、階層が多いのです。では、どのようにすれば、無事に通過して天国に来るのでしょうか。自分の罪のために通過できない階層があるなら、そこで払うべき蕩減《とうげん》の期間が過ぎてこそ、神様の特恵をはじめ、後孫の功労、祈祷、献金、奉仕などの善なる条件で通過することができるのです。真の父母様が来られて、全体の関門の通過基準が新しく立てられるのを望みながら、霊界人たちは待っています。父母様の仕事が多くならないかと、甚だ恐ろしくなります。

（一九九七年八月四日）

六　四位《よんい》基台造成と愛の一体理想

四位基台造成と二性性相

四位基台とは、神様を中心とした夫婦が、愛を中心として夫婦一体を成し、そして子女を繁殖することですが、それが『原理講論』の主要な核心です。しかし、霊界から見た四位基台造成とは、『原理講論』よりずっとおもしろく、神秘的なものだということができます。四位基台とは、神様を中心として夫婦が一つになることであり、また、子女を繁殖することですが、夫婦が愛するときは、完全に一体となり、主体と対象という区別がありません。完全に一つの体を成すようになるのです。その上に神様の愛が覆ってしまうので、我々の目に確認されるものは、ただきらびやかな光彩だけです。美しさそれ自体だけが目に見えるのです。

愛の一体理想

では、子女の愛はどのように見えるのでしょうか。夫婦が愛すれば、一体になるように、子女の愛も完全一体になってしまうのです。つまり、子女と父母が完全に愛で一つになります。明らかに、父、母、子女の三人ですが、愛で一つになるときは、三人の姿が個体として見えないのです。父の姿として、母の姿として、子女の姿として現れますが、対話をするときは、再びそれぞれ三人としても見えるのです。

四位基台《よんいきだい》を造成するという言葉は、神様を中心として一つになれば、完全な一体の姿になるために、地上のように四つの存在として見えないのです。それゆえ、二性性相として一つになった夫婦は、一つの体を成したような姿で暮らしていくのです。これが天上の最高基準にある霊人たちの姿です。しかし、主体と対象が一つになれない存在は、決して一体の姿ではありません。神様のきらびやかな光彩も見ることができないのです。天国の関門を通過した者だけが、そのような姿を持つことができるのです。それゆえ、四位基台の根本は、神様を中心として、夫婦という二性性相が愛で一体を成すことなのです。すなわち、四位基台は、神様の究極的な目的であり、神様が力（愛）で運行されうる基盤になり、根本的な力（愛）の基台になるのです。

（一九九七年八月四日）

七　万有原力

二性性相

二性性相は、神様の性稟《せいひん》に似たすべての被造世界の姿をいいます。この二つの性稟は、神様から賦与されたものです。そして、根本の力は、万有原力であり、この力に基づいた作用が、まさに授受作用なのです。では、相対性原理とはまた何でしょうか。主体と対象は万有原力による授受作用によって互いに授け受けしようとします。例えば、磁石の引き合う力が作用するとき、最も究極的な根本的力を「原理」は「万有原力である」と言います。根本は一つです。神様の根本となる力だと表現すれば、易しく理解できるでしょう。

春夏秋冬の四季の変化の根本となる力を人間がつくったのではないように、被造世界や人間が動いていくすべての力の根本となる力は、唯一なる存在から賦与された絶対、唯一、不変、永遠の力です。『原理講論』においていろいろな角度から説明している力の根本となる力は、我々人間が説明することができません。ただ無限であられる神、すなわち唯一なる人間の創造主であられる我が親なる神の力です。無限に膨大なこの霊界、到底知性で判断できず、肉眼でみな見ることもできず、捉えることもできず、説明することもできない無限の世界の主人公が、まさに神様です。いくら研究しても、研究してみても、神様は表現ができず、描くこともできません。説明することができず、感覚や感情でも表現することができない方が神様であられます。

李相軒《イサンホン》は分析し、論理展開するのが好きですが、神様は細かく分けたり分析したりすることのできない、無限の光の主人公であられます。きらびやかな光で、奥妙《おうみょう》に摂理される方であられます。

おお！　私の神様

私は霊界に来れば、神様を分析することができるだろうと期待しました。しかし、霊界に来てみると、あまりに膨大で、感嘆詞ばかり連発して出てくるだけであり、分析するという私の思考が、無限に愚かに思われるだけです。「おお！　私の神様、この子供を許してくださいませ。何にも、どこにも、比較することができない神様であられます。おお！　私の神様、おお！　私の神様、おお！　私の神様、許してくださいませ」としか表現する道がありません。それゆえ、神様について掘り下げて知ろうとする者は、最高に愚かな者です。

（一九九七年八月四日）

八　相対のための人間の構造

人間の構造

人間の構造は、個体として生きていくようになっていません。相対のために生きるように、構造自体がそのようになっているのです。すなわち、相対関係にある主体と対象が、互いによく授け受けして一体になった基台の上に、神様の力が運行されるとき、神様の最も大きな喜びの対象になるのです。

我々人間は、大抵自分のために生きるのが当然のことのように考えながら生きています。しかし、個体的な人生は、神様の本来のみ旨とは距離が遠いものです。それゆえ、独身主義者は、神様の前に親不孝であり、霊界では恥ずかしい者の中の一人です。人間が独り住まいをすれば、神様の作品の中で最高の知性を込めて造った作品が、未完成となります。

相対のための人生

人間が神様の最高の傑作品であるなら、神様が人間に賦与されたまた一つの性稟《せいひん》があるのです。相対のためになろうという心の基礎がそうです。それは次のようです。

①相対を必要とする外的な姿の二重構造（相対が必要）
②相対のための内的な性稟《せいひん》と心の発露

例えば、凸凹の人間の生殖器を見ても分かります。それゆえ、人間は、神様が本来賦与してくださった「ために生きる」天道に従って人生を生きていくようになっているのです。それから離脱したり、反旗を翻せば、神様に逆らったという罪を犯すことになります。

人間は地上で永遠に暮らすようになっておらず、本郷の家に来るとき、自分の住みかがなくなるのです。すなわち、さすらいの客になるのです。

それゆえ、神様から賦与された生命の価値を貴重に思い、神様に仕えることと、ために生きる人生を地上生活でよくしなければならないのです。

（一九九七年八月四日）

九　愛の媒介体と人間完成

愛の中心存在

人間の構造が二重構造から成っているように、人間は、神様の前に絶対的に出ていこうとする愛の中心存在になるべきです。言い換えれば、人間以外のすべての存在も神によって造られましたが、人間だけは神様が最高の知性を込めて造った傑作品なのです。したがって、人間は万物より神様の前にもっと大きな存在価値の基準をお返しすべきなのです。

ところで、人間の堕落によって、それがなされなかったので、本来の位置に返そうという本性の指向性によって、人間は必ず神様の前に真なる子女としての役割を果たさなければならないのです。

万物は神様から造られた被造物です。したがって、自分の存在価値を美として、また自らの成長によって、神様の前に捧げること以上のものではないのです。

愛の媒介体

ところで神様は、特別に万物にない愛の価値を人間に賦与されました。その愛とは、独自的に生じるものではなく、主体と対象が合性体を成し、一つになることで、愛の根本価値が現れるようになるのです。愛の媒介体とは、神様の前に愛の中心体になり、神様を最高の喜びの場に迎えるべき子女としての資格を表すことです。それゆえ、人間は、神様の前に愛の最高の極致を捧げ、神様を喜びの場にお迎えする愛の媒介体の役割をしなければならないのです。すなわち、人間として造られた価値基準を、神様の前にお返ししなければならないのです。人間は、神様を喜びの場に迎えてさしあげるための最善の人生を生きなければならないということです。そうするために、互いに愛さなければなりません。互いに一つになり、神様に栄光をお返しする子女としての道理を果たすべきです。これが完成した人間の姿なのです。

（一九九七年八月四日）

十　真の愛と発光体

真の愛

真の愛とは、本然のエデンの園でアダムとエバの堕落によって失ってしまった愛を、再び探して、神様と共に生きていこうとする本然の愛をいいます。ところで、この愛の価値基準は、神様と真の父母様を中心とするとき、真の愛という名詞がつくのです。

神様を離れた真の愛というものはありえません。エデンの園でアダムとエバが初愛の実を神様に捧げられなかったために、神様と人間の親子の関係が、多くの歳月の中で悲しみの歴史の中に流れてくるようになったのです。初愛の実をサタンに差し出したために、神様も最初のものを再び取り入れる作業をなさらなければならなくなりました。しかし、既に多くの罪悪の種が地上に蒔《ま》かれたために、神様はこの罪悪の実を収穫した後、殻だけの実と穀物を分別して取り入れようとなさるのです。

ここで、最初の実を失ったために、再び奪って取り返してくる作戦が必要です。これが蕩減《とうげん》条件です。真の父母様が地上に来られることによって、この公式が解かれるようになりました。神様が復帰摂理をしてこられた究極の目的は、失ってしまった子供を捜すことにあるからです。人間は、真の愛の根本を悟り、神様の前に真の愛をお返ししなければならないのです。それで、真の父母様を通じて祝福の基準を経て重生して、聖別された者だけが、神様の真の子女として登場することができるのです。したがって、祝福の過程を通過しなかった者は、最初の実の資格がありません。

神様の前に本然の真の愛で導かれ、進んでいくには、真の父母様から祝福された夫婦が愛の祝福家庭を成し、子女を繁殖し、四位基台を成さなければなりません。真の愛とは、神様を中心として夫婦が一つになり、父母と子女が愛で一つになるときの姿をいうのです。

真の愛の姿は発光体

真の愛の姿が霊界では、完全な一つの体として調和をなします。それは大変な光体です。この時に現れる光体の光は、子女の姿としても見え、夫婦の姿としても見えるようになります。ここで根本となる光の発光体が、本当の真の愛の化身体であり、神様が我々に下さった真の愛です。

もし夫婦が一つになれず、子女が一つになれないときは、完全な真の愛の光を発せられないのです。我々が一般的に考えるとき、真の愛は、無限に与えて受けるアガペー的な愛を連想します。ですが、真の愛は、神様を中心として、夫婦が完全一体となり、四位基台《よんいきだい》が成された愛をいうのです。それゆえ、祝福を受けることができずに重生しなかった者は、真の愛の隊列に同参することができません。また、天国に来ることができるチケットもありません。皆が祝福の隊列に参与するよう努力しなければなりません。

（一九九七年八月七日）

十一　本然の愛と本然の夫婦の姿

本然の愛

エデンの園で、アダムとエバが互いに愛するとき、神様が美しく御覧になるように創造されました。ですが、人間の堕落により、神様はそのすべての愛を失ってしまわれました。したがって、神様の恨《ハン》を慰め、喜びを再び取り戻してさしあげるべき責任が人間にあるのです。本然の愛とは、既に真の愛の主題で論じましたから、ここでは本然の愛の姿を列挙しようと思います。

①神様を中心とした夫婦の愛
②神様を中心とした子女の愛
③神様を中心とした真の愛

神様を中心とした真の愛がすなわち本然の愛です。

神様の前に出る本然の夫婦の姿

本然の真の愛を成した者が天国に来るときは、どのような姿で神様に会うのでしょうか。

地上で新郎新婦が美しいドレスを着て結婚式場に入っていくように、この国、霊界に来るのです。神様が迎える新郎新婦は、あまりにも美しく、我々が地上でよく考えるように、天から天使が降りてくるような幻想に浸りながら、善男善女が、美しいメロディーの中できらびやかな光を受け、神様の前に進んでいき、敬礼を捧げます。そして、燦爛《さんらん》たる光彩の中で、夫婦二人が愛するのです。二人が愛する姿は、光の世界で一つになり、目がまぶしいほどです。その光の中で神様は、一筋の光のような愛でお包みになり、喜ばれるのです。

夫婦が一緒に霊界に来るのでなければ、どのように愛するのか分かりません。そこで先に霊界に来ていた妻が夫を迎えて神様の前に出ていきます。これは、李相軒《イサンホン》が神様の前に出ていった姿を紹介したのです。「エデンの園で成したかった神様の本然の愛がこれだったな」という思いがしました。

（一九九七年八月七日）

十二　相対性原理の基本と本然の夫婦の暮らし

相対性原理の基本

本然の愛とは、神様がエデンの園で求めようとされた愛をいいますが、相対性原理とはどのような関係があるのでしょうか。

相対性原理の基本は、相対のために授け受けしようとすることです。ここで「本然の愛から見た相対性原理」として、天国理想郷に向かっていく善男善女たちの姿について話そうと思います。

相対性原理から見た本然の夫婦の暮らし

相対性原理から見た本然の夫婦の暮らしとは何でしょうか。例えば、夫婦が食卓に座って御飯を食べるとき、妻が夫に勧めたい食べ物があれば、妻が考えるのと同時に、その食べ物が夫の前に置かれます。主体である夫が対象である妻に感謝し、返礼しようとすれば、その考えを妻が予知して笑うのです。

ところで、地獄で食べ物を分けて食べる姿を見ると、相手の考えを互いが察しえないのです。まるで労働現場や監獄などで見るように、おなかが空《す》くと先にたくさん食べようと争うようです。天国では、夫婦が考えて、言って、行動すること自体が、互いに眺めてみて、視線さえ見ても分かるのです。与えようとする心を、互いに察するために、まるで磁石に羅針盤がついていくようです。ここには、自分を中心とした利己的な心がありません。

それゆえ、いつも謙虚な姿勢であり、互いに尊敬する姿勢によって平穏なほほえみを浮かべて暮らしています。本然の愛の恍惚《こうこつ》の光の中で、楽しく踊り、互いに授け受けしようという心で暮らしていく世界です。地上で本然の愛の理想を夢見ながら、熱心に暮らしていく夫婦愛の中で、神様の前に合格する人生を生きていくことを願うところです。


（一九九七年八月八日）

十三　宇宙主管と人間の価値

人間は全被造世界の主人公

天地万物を創造された神様は、全被造世界の主人公として人間をつくられました。しかし、人間の堕落によって、被造物（万物）と人間の価値が逆転した立場になってしまいました。それゆえ、人間は神様の前に子供としての存在価値を失ってしまったのです。子女である人間のために造っておいた被造世界は、自ら成長し、繁殖していますが、天地万物の主人公が現れなかったので、神様の心はどんなに痛いことでしょう。この零落した位置を正して、神様の前に本軌道に進むということが、人間がなすべきことです。

ところで、真の父母様を通じて祝福（重生）の価値基準の上に立つことによって、人間は万物の前に、主人として登場することができるようになりました。本来エデンの園で、神様は人間に園のすべてのものを思いどおりにしなさいと祝福されました。それは人間に全被造世界に対する主管主の資格を賦与されたためです。祝福（重生）を通じて、この立場を回復するようになり、園の主人公であり、宇宙の主管主の価値基準まで得るようになったのです。

このようになった人間の価値基準はいかなるものでしょうか。それは、神様の子女としての資格を獲得するものであり、全被造世界の主人の資格を獲得するものです。神様は人間のために万物を造られましたが、その万物を眺めながら、人間が喜んでこそ、神様も喜ばれるのです。

人間と万物の応答の姿

人間の喜びの対象は万物なので、人間と万物との授受作用がなされなければなりません。宇宙の主人公である人間が、万物と受け答えする姿を、例を挙げてみます。

夫婦が一つになり、愛するとき、その周囲にある草木や花々や鳥たちは、すべてが受け答えします。草木は、それぞれの美しい色で、ひときわ光を発します。浮かれて、ひらひらと揺れます。鳥たちは、それぞれの美しい声をもって歌います。かすめる風は、まるで絹織物のような柔らかい感じで受け答えします。

このような場面が、燦爛《さんらん》たる姿で美しく目に映ります。その中で夫婦が愛し合うとき、神様は一筋の燦爛たる光彩で答えられます。美しく柔らかい服を着た宮殿の王妃様が愛するとき、どこからか聞こえてくるコムンゴ（琴に似た楽器）の旋律に従って愛する場面を映画で見ることができますが、それに比較することはできません。

人間は、万物の主管主として、神様から受けたその多くの宝を、堕落によって感じることも、見ることもできなくなってしまいました。ですが、完成した人間の価値基準に至るようになれば、そのすべての関係まで、再び回復するようになります。それゆえ、人間は宇宙の根本となる主人としての価値を再び悟って、神様の前に感謝と栄光を返すべきです。

（一九九七年八月八日）

十四　宇宙主管と神様の愛

人間は神様の子女

神様は、人間を子女として創造されましたが、その子女が神様の懐の中に帰ってこず、遠く彷徨《ほうこう》するとき、子女に対するやるせない心情を捨てることができませんでした。そうして、（万物を通して）間接的に主管されるときがありました。それは、万物を眺められ、慰めを受けて耐えてこられたということです。神様は子女である人間が万物の前に主人公として現れるときに喜ばれるのです。

神様の喜びと愛

美しい善男善女が、神様の前に現れて、神様に喜びと栄光をお返しするとき、周囲のすべての万物が和合するその姿を眺められる神様は、これらの万物はすべてお前たちのものだといって祝福なさろうとしました。

一筋の燦爛《さんらん》たる光が、万物と受け答えします。そのように美しい世界の主人公が、まさに人間であることを再び確かめられます。そして、思いきり楽しめと祝福してくださいます。そのように、祝福された善男善女が、周囲を歩いていけば、すべての草木は、ひらひらと踊りを踊ります。人間は、ピーピー、チュンチュンさえずるいろいろな鳥たちの受け答えする声、風の中から聞こえてくるメロディー、形容できない香りなど、華麗で恍惚《こうこつ》の中で神様の愛を感じるのです。それゆえ、神様の真心のこもった愛の表現が、我々に与えられた被造世界であるので、被造世界の主人公として神様に対する愛を喜んでお返しすべきです。

（一九九七年八月八日）

十五　完成した人間は神的価値

完成した人間は神様の相続者

人間がまともに成長して、神様の子女として完全に認められるようになるとき、人間は神様の前に完全な子女になり、すべてを相続するようになります。すなわち神様の子女として、そして被造世界の主管主として認められた人間は、神様の前に無限の喜びの対象として立つようになります。そのような人間は、神様と共にいつも苦楽を共にすることで、神様の考えを察することができる心情的基準を持つようになり、神的価値基準を持つようになります。

神様と共に生きていく者

それゆえ、完成した人間は神的価値基準の立場にまで行くのであり、これが人間に対する神様の最後の希望です。神様は、「すべてあなたのものであり、あなたが成したのである」と祝福したいのであり、完全な人間の立場を願われるのです。それゆえ、その立場は、神様の光体の中でいつも神様と共に生きていく立場になります。

（一九九七年八月八日）

十六　相対性原理から見たカインとアベル

カインとアベルの関係

相対性原理の根本は、既に何度か論じました。今、相対性原理から見たカインとアベルの関係が、霊界でどのように体系化されているかを明らかにしようと思います。カインがアベルを愛し、アベルに尊敬されることによって、二人が相対基準を合わせるようになるとき、神様は、カインにもアベルと全く同じ愛の恩賜を下さろうとしました。

ところがカインはアベルを愛することより、むしろアベルの前に長子としての資格を誇ろうとし、またアベルも驕慢《きょうまん》になったのです。これがアベルをカインが憎む動機になり、神様の摂理の中で、また一つの悲運の歴史の一章を残す結果を招くようになりました。神様は、汚点を残したこの歴史の一コマを再蕩減《とうげん》するために、もう一度条件を立てるようにすることで、人類が長成期完成級まで復帰した型を備えたという立場で、救世主を迎える段階にまで摂理を導いてこられたのです。

それゆえ相対性原理によって、主体にも対象にも、互いに与えようとする心が発露することにより、愛で一つになるようになったのであり、カインとアベルの関係において、本来堕落がなければ、殺したいほど憎いというような感情は生じなかったのです。互いに仕えながら尊敬し、ために生きようとする力が強く作用したことでしょう。

天上でのカイン・アベルの関係

天上にもカインとアベルの関係がはっきりとあります。目上の人と目下の人、階級が高い人と階級が低い人、神様の近くで愛をたくさん受ける人と少なく受ける人など、あらゆる階層のカインとアベルの関係が多くあります。

例えば、目上の人と目下の人の間で、目上の人が目下の人を無視しながら、大声で命令するよりは、「今何をしているのですか？」と温情の心をもって尋ねるのです。

それに対しても目下の人が「何かお手伝いしましょうか?」と言いながら、ほほえみの中で互いに心が行き交うのです。

また、目下の人が目上の人に要求することがあるとき、「私は今このようなことが気掛かりですが、答えていただけますか?」と尋ねると、目上の人は、大変な権威意識をもって、年上の体面を考えて答えるのではなく、まるで兄弟間の対話のように細やかに答えるのです。

つけ加えると、神様は人間の主体・対象にだけ相対性原理を適用したのではありません。すべての存在の階層においても互いに「ため」に生き、互いに与えようとする愛の心を下さったのです。ところが、この関係が壊れることで、カイン・アベルの関係が生じるようになりました。地上が複雑になったので、霊界はさらに複雑になったのです。

天国の理想は、まず地上でなされなければならず、そのような基盤の上で、天上が整理されるのです。

対象のために生きようとする相対性原理の根本を再び整理して考え、それを実現する地上の暮らしになることを願うものです。

（一九九七年八月九日）

十七　天国

天国

天国とは簡単に言えば、個人主義、自己中心主義でない人たちが集まった所です。相手のために生きようとする心、無限に与えようとする心が充満した、共生、共栄、共義主義の世界だと言うことができます。

地獄

地獄とは、自分の事情と、自分のことだけに執着する人たちが集まった所です。このような性向を持った人間たちが行く世界が地獄なのです。

永遠の世界

一般的に、地上人の大部分は、人生の理想を、ただ肉身の快楽を追求することに置いています。それゆえ、神様が分からない人たちの地上生活は、地獄行きの修羅場になりやすいのです。永遠の世界は、誰もが避けることができない道なので、永遠の世界に比べて短い地上生活を、一日一日点検しながら、人生を終えるべきです。

永遠の世界の規範には、地上生活のような事情は通じません。事情というものが全くない所です。李相軒《イサンホン》が地上人を助けたいというのは、このような事実を伝達することです。それが最高の贈り物だと思います。永遠のために瞬間を愚かに生きる者になるなと、頼んでまた頼みたいだけです。これが真の父母様の前に孝行する道です。霊界の整理が複雑になるためです。

天国は永遠に幸福な所

天国は、神様を中心として、仲間同士が互いに愛で一つになった所です。ここには、背の高い者も低い者も、顔の良い者も醜い者も、大統領を務めた者も守衛を務めた者も、金持ちも貧乏人も、多く学んだ者も学べなかった者も、互いの人格を尊重し、いつも謙虚で、いつも温和で、いつもほほえみながら暮らしていく所です。何の困難も、うらやましさもない、永遠に幸福な所です。

（一九九七年八月九日）

十八　統一霊界圏

統一霊界圏を説明するなら、「ここは、本当に天国です。ここは、本当にエデンです。ここは、本当に平和です。ここは、本当に幸福です。ここは、本当に希望があふれる所です。ここは、本当に愛の園です。ここは、本当に恍惚《こうこつ》です。ここは、本当に愛の芽が芽生える所です。表現できない美しさの絶頂をなした至聖所です」と言うしかありません。ここで興進様《フンヂン》は、いつも静かで謙遜に、そして細やかに、すべてを先頭に立ってなさろうとしています。そして、すべてのことは、いつも神様に尋ねながら解決なさっています。階層別にもれなく回られながら、事情を聞いて、慰めたりもなさいます。ここでは、朴鍾九《パクチョング》宣教師が、いつも興進様に仕えて随行して回っていますが、あまり大変な所は行かれないようにしながら、代わりに仕事を処理したりしています。また、大母様《テモニム》はいつも祈って、興進様のために精誠を捧げていらっしゃいます。ただひたすらに、父母様の寿命が永遠なることを願われる一念で暮らしていらっしゃいます。

忠母様《チュンモニム》は、いつも大母様のそばについて回られながら、「大きなお母さん」と言い、一つ一つ小さなことまでも習おうと努力されています。

ここで実に興味深い光景がありました。大母様御夫妻と忠母様御夫妻が集まって話を交わされて、互いに見つめながら、「サドン（姻戚）同士、互いに楽しく過ごしましょう。互いに気兼ねするので、私たちの間にあまりにも距離があるようです」と大母様の夫が言われるのです。すると横にいらっしゃった大母様が「サドンがどうしてさらけ出して過ごすことができる間柄なのですか。気兼ねして過ごすのが当然ではないですか」と言われました。忠母様は、いつも気兼ねしながら、学ぼうととても努力していらっしゃいます。

劉孝元《ユヒョウォン》協会長は、立っても座っても原理講義をなさいます。食口《シック》同士、楽に座って話をしても、再び原理講義をする姿に戻ってしまう方であられます。原理講義それ自体が、その方の生命だといいます。このような良い雰囲気の中でも、良くないこともあります。また、食口《シック》たちがここにたくさんいても、すべてが幸福ではないのです。あらわにされた自分の罪名をぶら下げて回るので、それが蕩減《とうげん》されるまでに経験するその蔑視と痛みは、口に出して言えないものです。天国に高低がないのではありません。そこにも、いくつかの高低があります。しかし、これ以上のことは省略します。

簡単に言えば、地上生活の延長が天上生活です。霊界という所は、自分の人生の実をもって、倉庫に入っていくことに例えることができます。ところで、穀物より貴重なものは、相手のために生きようとする姿勢です。原理で習った授受作用の根本が、相手のために生きることです。自分より他のために生きる人生にならなくてはならないのです。

（一九九七年八月二十一日）

李相軒《イサンホン》院長が終わりに下さったメッセージ

霊界の法は、地上のように値引きは全くありません。この法度に引っ掛からない基準となるのは、天上の生活ではなく、地上の生活です。いつも霊界の生活を準備する心で、私が行くべき霊界はどこだろうかという心で生きなければなりません。もし、この法度から逸脱すれば、自分の霊魂が行くべき所は、天道に従って、そのまま落とし穴に引っ掛かるしかありません。ですから、地上の生活を正しく生きなければなりません。

第二部　天上天下《てんげ》の救世主・真の父母

第一章　神様の実存

一　神様の実存

神様は、存在世界にある被造物のように、ある空間を占め、ある形を持っているお方ではありません。しかし、神様は厳然と実存します。では、私たちはどのようにして神様の実存を知ることができるでしょうか。神様は（韓国語では）文字どおり一人しかいない「主」ですが、果たしてそのお方はどのようなお方でしょうか。神様は私たちの考えや想像によって理解できるお方ではありません。触れることも、つかむことも、把握することもできず、ある限定された空間にだけ現れるというお方でもありません。神様は遍在し、全知全能であられるため、一言で表現することはできないのです。

私、李相軒《イサンホン》は地上生活をしながら、引っ掛かってすっきりしない難解な問題に直面することがよくありました。その時はいつも、まるでロケットで月世界に行ってそこを研究するかのように、霊界に行って神様に直接尋ねながら研究したいと思いました。疑問に思ったことも霊界に行って神様に会えば、すべての問題を正しく分析して研究できると思ったのです。神様には、それらを分析する材料が十分にあると思っていました。それが私の夢であり、願いでした。

しかし、私はここ霊界に接してみて、この世界が地上の世界とは比べものにならないほど膨大であることが分かりました。こちらは、あちこちに分析の材料は散在していますが、私の知性と理論では到底判断することも理解することもできず、分からないことがあまりにも多いのです。それゆえ、これらのことを何人かで分担して分類し、地上人にくまなく知らせていくことがいいのではないかと思います。

その中でも、最も分析しにくい存在が神様です。私は地上で肉身を持って生活していたとき、神とは時間と空間を超越して現れるものであると理解していました。しかしその疑問は、こちらにおいても地上の生活のときと同じです。神様は分析することもできないし、また分析されるようなお方でもありません。では、いったい神様はどのようなお方でしょうか。どこからどこまでが神様の本質であり、どこからどこまでが神様の本来の姿なのでしょうか。この世界で私が把握した神様の姿を、極めて不十分ではありますが、地上の人々に概括的に紹介しようと思います。

神様の具体的な姿は、一言で説明することはできません。そのお方の姿を他の実体、例えば光や音、炎や湖などに比喩して説明することはできます。つい先ほど、私は神様から「あちこちの様々な様子を十分に研究せよ」という命令を受け、だいぶ遠方まで行って、そこでの自然現象と実情を注意深く調べてみました。そこの様子は今まで見たことのない、あまりにも素晴らしく不思議なものでした。私は「神様！　なんと素晴らしく、なんと美しいのでしょう！　これらをすべて神様が直接創造なさったのですか。これは私たち人間にとって、あまりにも偉大で驚くべき祝福です！」と感嘆しながら、感謝の祈りを捧げようとしました。するとまさにその瞬間、その場から炎のようなものが現れて私の全身を包んだのです。「相軒《サンホン》よ！　そんなにもうれしいか」と、神様は炎の姿で現れて私を呼ばれたのです。

では、この神様は先ほど私に命令した神様と同じお方でしょうか。確かに同じお方です。すると、神様が時間と空間を超越して現れたのか、それとも全天地が神様御自身の体なのか、私は神様の存在を明確に究明することができませんでした。しかし、あちこちで神様が私を呼ばれるときの姿は、明らかに同一ではありません。では、あの炎はどんな存在なのでしょうか。私を呼ばれるときの神様と、他の人を呼ばれるときの神様は明らかに違うように感じられました。それだけではありません。神様が同じ場所で同じ声で呼ばれたとしても、皆がみなその声を同様に聞けるというわけでもありません。かといって、私一人だけが聞くのではないのです。

神様はきらびやかな光彩の中で、ある時は厳格な威厳ある存在として現れ、ある時は全身が溶けてしまうような愛として現れ、またある時はしなやかで柔らかい声の主人公として現れます。いったいこのお方の本質は何でしょうか。そしてまた、ある時はひっそりとした、かすかな明かりとして静かに顕現します。その時、その明かりの中に座っている食口《シック》たちは、ぽかぽかとした春の日、まるで幼子が暖かいかげろうの中でまどろむような表情を浮かべています。

そして、食口たちが「神様……」と祈ったり、大きな声で「神様！」と呼ぶと、美しい明かりは、こまのようにぐるぐる回って答えたりします。またある時は、その美しい明かりがすーっと消えたかと思うと、花火のような波となってパノラマのように広がり、色とりどりの清らかな歌声となって現れたりもします。このような場合、その中にいる人たちは、地上生活では到底見ることも表現することもできない恍惚《こうこつ》たる清雅な姿に変身してしまいます。そして神様の華麗なその光彩は、ある場所からはるかかなたに瞬間的に移動しても、常に同じ姿として現れます。このように、神様が様々な姿で現れるため、全天地は神様の形状と姿で満ちあふれています。このような神様の姿をどのように表現したらよいのでしょうか。これは、私の知性では到底及ばない領域のようです。

神様が怒ったり、笑ったり、喜んだりするときは、どんな姿で現れるのでしょうか。一言で要約すれば、神様は質量を持ち、限定された空間を占めるような方ではありません。もしも神様が限られた空間に一定の体積などを持つお方であるならば、数多くの科学者たちがやって来て、分析するために神様のあちこちをもぎ取っていくでしょう。そして、もしも神様を知性で完全に分析できる人がいるとするならば、その人はまさに神様になるはずです。

しかし、神様は触れることもつかむこともできません。神様のきらびやかな光をつかむことができるでしょうか。決してつかめはしません。その光を容器に入れることができるでしょうか。どんな容器にも入りません。また、そのきらびやかな光をカメラに収めることができるでしょうか。どんなカメラでもそれを収めることはできないのです。もしも誰かがそれを試みようとするならば、神様の光はあっという間に消えてしまいます。ですから、もしも神様を人間の頭脳で判断できると考える人がいるならば、その人は世の中で最も愚かな者となるでしょう。もしも神様を見たという人がいるならば、その人は大層驕慢《きょうまん》な者となるに違いありません。果たして、どこからどこまでが神様の本来の姿なのか、私はそれを正しく認識するパラダイムを持ち合わせていません。こんなにも膨大な神様の姿を正しく表現する方法は、私には先天的に与えられていないようです。

そして特に留意しておかなければならないことは、このような神様が私たち人間に訪れるとき、個人個人に同じ姿で顕現することはないという点です。神様のきらびやかな光は、ある人には暖かく現れ、ある人にはそれが温和に現れ、ある人には優しく、ある人には情愛深く、ある人には華麗に現れます。しかし、それが全部ではないのです。例えば、神様はある子女に教え諭したいとき、静かな明かりの中に形容しがたい威厳を漂わせて彼の中に入り込み、彼の一時的な行為を悔い改めさせるときもあります。

神様は、どんな文字でも言語でも表現できません。地上で最高の名声を持った科学者であっても、神様を正確には説明できません。もしも科学者が神様を研究しようと試みるならば、彼は神様の光の中で自分自身を完全に失って同化してしまうことでしょう。

私たちは、そのお方をただ漠然と「神様」と呼ぶことができれば、それが一番幸せかもしれません。私たち人間は、神様を深く掘り下げれば掘り下げるほど時間の浪費に終わるだけです。神様は人間の知性で究明できるお方ではなく、人間の理性と理論によって結論を下せるお方でもありません。天地万物のすべてを超越して存在する、大宇宙の主人なのです。私よりも神様についてもっと正確に表現できる文人がいるならば、私は彼にこの仕事を喜んで任せたいと思います。これが私の率直な心境です。私は「ああ、我が神よ！　あなたはどのようなお方ですか」と叫びながら、完全に両手を挙げて降参し、白旗を振ってしまいました。

（一九九九年十一月二十五日）

二　階層別に現れる神様

上流層（高級霊界圏）

上流層の霊界圏では、神様の顕現が最も自由です。あたかも神様が我が家のように安心して闊歩《かっぽ》できる所と言えば、その表現は適切でしょうか。上流層の霊界圏では、神様の動きを容易に知ることができ、神様の光彩の中で互いに意思伝達ができるため、ここにいる人々は常に神様の温かい愛を感じながら暮らすことができます。したがって、ここは神様の自由な活動舞台だといえます。ここでは、神様はその姿を自由に表現できるのです。

例えば、一刻一刻の環境に応じて神様の姿は、きらびやかな光彩として、華麗な色彩として、美しい虹として、輝く星の光として、あるいは広く静かな湖として、時には大きく雄壮な火の玉として現れます。このように、神様の姿は想像を絶するほど無数に多く、正確に形容することはできません。ここでの神様の姿は、実に様々です。子供が親の前で思いきり自由に歌や踊りを披露するように、神様は自らの姿をどこにおいても意のままに表現されます。そのため、こちらで生活する人々は常にうれしいし、幸福です。これが高級霊界圏の実情です。ここは、神様の安らかな安息所であり、神様の家であると表現できるでしょう。

（一九九九年十一月二十六日）

中流層（中間霊界圏）

中間霊界をさらに細分すると、いくつかの段階に分類できますが、ここでは一つにまとめて中間霊界と表現しながら、そこでの神様の姿を概観していこうと思います。上流層の霊界において、神様は多様に自らの姿を思う存分に現していましたが、ここでは息子の家を訪ねても、「どこに座ろうか、ここに座ってもかまわないだろうか」とためらいながら、緊張を隠しえない姿でいらっしゃいます。

ここでの神様の姿は、あたかも光を存分に放つことのできない、闇の中で火花を散らすだけの鍛冶屋と同じです。煙の中の明かりのように、雲に遮られた光のように、神様は沈鬱な明かりの姿であちこちをさまよっていらっしゃるのです。

そうしているうちに完全に去ってしまったり、再び明るい光で神様御自身の姿を現すこともあります。その時の神様の姿は、あたかも朝日が昇るとき四方から明るくなっていく光彩のように、とても大きく光を発散します。その明かりは、まるで自らの体温ですべてのものを暖め、抱き締めようとする姿に例えることができます。その明かりは、四方をぐるぐると回りながら、ある一方を光で包み込んでいくのです。

ところが、それ以外の所はそれと同時に、たちまち暗くなってしまうのです。一方に光が集まると、他方には暗黒の雲が滝のように押し寄せてきて、たちまちその周囲を覆い尽くして暗闇に変えてしまうのです。この時、ゆらゆらと遠くはるかに消えゆくその明かりを見て、相軒《サンホン》は涙でいっぱいになり、「神様！　神様……」と呼んでみましたが、消えてしまいました。そのような神様の姿があまりにも不憫《ふびん》だったからです。

そのような日が一日だけでなく、限りなく続くのです。そこで神様は、御自分の子女たちを抱き締めてみたくて胸を大きく広げて待っていらっしゃいます。きょうはこちらで、あすはあちらで、そして中央で、あるいは空中でと、神様は四方八方にその姿を愛の光として現そうとされます。しかし、四方には穴がたくさん空いていて、神様がすべてを愛の中に抱こうとしても大変難しいのです。

このような神様の姿に接しながら相軒《サンホン》は深く何度も考えてみました。そして神様の願いをかなえてさしあげるために、中間霊界においても小グループをつくって、神様が完全に安息できる所をつくらなければならないと決心しました。

かわいそうな神様、愛の神様、上流層の子女たちから慰労を受けて安息なさればよいのに、神様は子女たちが一人も漏れることなく、みな一緒に神様の愛の揺籃《ようらん》で暮らせることを夢見ながら、絶えることなく待ちに待っていらっしゃいます。そのようなお方が、まさに私たちの親なる神様なのです。

このような神様の事情を知っている子女がどれほどいるでしょうか。中間霊界において神様の実存と姿を説明し教育するには、多くの時間が必要とされます。こちらにまだ神様のために果たすべき使命が残っていることを思うと、地上にいらっしゃる真の父母様に申し訳なくて恥ずかしさを禁じえません。

（一九九九年十一月二十六日）

下流層（下級霊界圏）

神様の愛は、上流層、中流層、下流層のどこであろうとも等しく同一です。このように、子女を愛する神様の心情と愛が等しいにもかかわらず、私たちはともすると自分の判断で、罪悪の子女たちは関心外に置かれていると考えやすいのです。しかし多くの子女を持つ親に、ある子は愛し、ある子は見捨てるというようなことがあるでしょうか。人間の親の愛でさえそうであるならば、ましてや創造主たる神様が、人間を関心外の所に置いて見捨てておくということはありえません。

次に、下流層に訪ねていかれる神様の姿を紹介しましょう。神様は上流層の子女たちはもちろん、中流層や下流層の子女たちとも一緒に最高の場で、そして神様の愛の懐の中で暮らすことを願っていらっしゃいますが、どこよりも神様を悲しませ胸を痛くさせるのは、下流層の子女たちです。神様の愛を全く認識することもできない無知なる子女たちに、神様は数え切れないほど愛のひもを投げ掛けましたが、彼らはその愛を少しも推し量ることができません。

一言で表現すれば、ここは泥沼のような暗闇の世界です。地上で暴風雨が吹き荒れると雷が鳴り、稲妻が光り、どす黒い雲に覆われますが、まるでそれと同じ姿です。それにもかかわらず、そんな中を神様は訪ねていかれます。神様は愛の神様として、きらびやかな光彩で現れる方ですが、ここではそのようにできません。しかし神様は、御自身の姿がどんなにどす黒い雲に遮られても、ひたすら子女たちに会いたくてここを訪ねられるのです。

なぜ神様は明るい光として現れることができないのでしょうか。神様は発光体そのものなのに、なぜその暗闇の中では現れることができないのでしょうか。それはあたかも愛する我が子の痛みを前にしながら、悲しんでいる親の姿とでも表現できるでしょうか。その状況を表現することはあまりにも難しいのです。

では神様は、ここでは御自身の姿を全く現すことができないのでしょうか。もしもそうだとするならば、地獄を解放することは永遠に不可能になってしまいます。しかし、神様は闇に包まれて御自身の姿を現せない環境の中にあっても、稲妻、筋の光を発散しながら数限りなく哀哭《あいこく》することもあり、時には闇の中で一筋の虹として現れることもあります。

また、このような状況下では極めてまれなケースですが、全く予期していなかった光がすべての民に発散されることがあります。その時、彼らは自らの悲惨な姿を発見し、明るい所に向かって押し寄せてきます。これは特別な天恵のケースです。しかし、この時、脱出口で引っ掛かると、彼らはやむを得ず、闇の中で途中下車するしかありません。

この脱出口を通過する手順は大変難しいのです。地上のように誰かが、通過する手順に関して弁護したり、判決を下したりしてくれないからです。それはただ天地の法度に従うのみです。明るい光の出入り口で光を一番先に受けたからといって、その人が他の人よりも先に脱出できるというわけではありません。その通過手順を誰が定めているのか、私は全く知りません。しかし、根本的な道理はここでも適用されますから、彼らの生き方にこのような根本的な差が通用しているのではないでしょうか。私には、そのような説明しかできません。

その光を通して脱出できた、子女の一人一人を見ようと待ち焦がれる神様のその姿は、あたかも暴風雨で苦しんだ蝶《ちょう》が、薄暗い光や濃い霧の中でちらちら見え隠れする姿と似ています。その姿は、焦燥と緊張の瞬間であるといえるでしょう。こんなにも哀れな方が私たちをつくられた創造主であり、私たちの神様なのです。私は、ここ下流層霊界圏に何度も訪ねていかれる神様の姿をはっきりと目撃しました。そして今もなお、その姿を真剣に見つめています。これが私たちの神様の姿なのです。そして、この姿こそまさしく私たちの真の父母様の姿にほかなりません。

皆さんは地上で、そしてこの私は天上で、このような真の父母様の姿を見てきましたし、今でも見ています。私たちはみな、人類を救済するために常に緊張と焦燥の中で暮らしている神様と真の父母様の心情を、一瞬たりとも忘れてはなりません。薄暗い霧の中で黒いベールに遮られて現れることのできない神様のもの悲しい痛みを、皆さんは目撃しつつ、少なからず体験したはずです。これからは、皆さんが自らの心をいっぱいに広げて、神様と真の父母様の姿をきらびやかに現しうる真の子女の姿に変わることを切に願います。

ああ、かわいそうな神様！　あなたの恨《ハン》の心情、私たちの間を遮る黒いベールを、私たちが真の愛で溶かして取り除いてさしあげます！

（一九九九年十一月二十八日）

三　遍在される全知全能なる神様

いくら人間の知性が発達して科学や文明が進歩しても、神様は決して人間の研究対象にはなりえません。それは天地万物の創造主が神様であり、すべての科学や宗教や哲学の主人は神様であるからです。そんな人間が、どうやって神様を研究したり分析したりできるでしょうか。

私は粛然とした謙虚な姿勢で、「神様、私はもう降参です！」と告白したいのです。これが最も賢明な判断だと思います。これは私の率直な告白でもあります。心をどんなに無にしてみても、私の心の片隅に消えずに残っているものがありました。それがほかでもない神様の存在でした。私は、そんな神様の姿を完全に明らかにしてみたかったのです。

しかし、ここ霊界に来て、神様の姿を様々な次元から見つめてみたところ、それが難しいということをさらに悟るようになりました。神様の姿は様々で、多様に、膨大に現れるため、神様の分析をどこから始めたら正しく究明できるのか、その方法自体が全く思い浮かびません。実際、人間の理性をもってしては究明できないお方が神様なのです。

それゆえ、私は率直に告白します。「おお、我が神よ、あなたはやはり創造主であり、唯一無二なる神様であられます！　そしてあなたは人間の分析の対象では決してありません」。私はこのように確固として動かぬ結論を下しました。そして私は、今や心に訳もなく湧いてくる神様に関するすべての疑問を完全に捨てることに決めました。

それは一種の時間の浪費にすぎないし、また一方では、神様の前に大変な親不孝になると思います。「私は唯一無二なる天の父母の子女である」と確信を持って言えるならば、それこそ私の最大の幸福であり、私はその事実に対して心の底から感謝するばかりです。私たちはみな「神様の真の子女」であることを誇るべきです。そして、誰かが神様の前に何らかの形容詞をつけて神様を説明しようものなら、その者は自分の無知さを自ら立証する結果を招くことになるのです。

最先端の科学と文明の前でも、私ははっきりと明言できます。人間は自らの知性や知恵、その偉大な業績や学問、文化などといったものを神様の前に少しも誇ってはならないのです。もしも自慢する者があれば、親なる神様は彼を上から見下ろしてにっこりと笑い、「苦労しているね。私が助けてあげよう」と言いながら、かえって慰めてくださることでしょう。私たちは神様の前に、自らの心も体もすべて無にしなければなりません。親なる神様の前に丁重にひざまずき、私たち人間の驕慢《きょうまん》性に対して手を合わせて謝罪すべきです。

「神様！　私はここにいます。私の行く道を導いてください。私の人生のすべてを神様にゆだねて正しい道を歩みます。神様の子女として私を受け入れてください」と言いながら、天の父母に率直に懇願しなければなりません。いつかは、誰もが例外なくこの霊界に来なければならないのです。こちらで神様の前に常に堂々たる姿で生活できる、真の子女の位相を身につけたかどうかを毎日毎日点検していきましょう。

地上生活に終わりを告げる道は、人生のたそがれに迎えるものとは限りません。皆さんが全く予期も準備もしないうちに、こちらに突然来るという場合もあるのです。ここを避けて通れる人は一人もいません。天理原則をどうして避けていくことができるでしょうか。若い全盛期の人生を好き勝手に生きながら、人生のたそがれを迎えてから霊界の生活を準備すればよい、と考えてはいけません。私たちの父母である神様は、自らの子女を迎えるとき、必ずしもその人のたそがれの時期に召していかれるとは限らないのです。

もしも父母を迎えたならば、すぐさま父母にお仕えすることが私たち子女の道理であり、規範ではないでしょうか。私たちはみな、神様が自らの父母であることを誇りに思い、これからは私たちの父母なる神様が少しも孤独を感じることがないようにお仕えしましょう！

私たちは「原理」を通して復帰原理を学んだはずです。私たちは、それを私たちの現実生活に適用して真の父母様に侍《はべ》り、常に喜びながら幸福な生を営んでいけるように精進していきましょう。

（一九九九年十一月二十九日）

第二章　被造世界（宇宙論）

一　動物の世界

地上には様々な動物がたくさんいます。牛、豚、犬、鶏、うさぎ、かも、りす、猿など、数え切れないほどたくさんいます。では、この天上にもそのような種類の動物たちが生存するのでしょうか。皆さんも大変気に掛かるに違いありません。一言で要約すれば、そのような動物はすべて存在します。

人間は地上生活において動物を捕まえて食べたり、ペットにしたりします。地上では人間は主人になって動物を勝手に扱いもします。しかし、霊界においては衣食住の生活面で全く困らず豊かなため、動物を捕まえて食べる必要がありません。また、地上では豚や牛などが子を産めば、主人は財産目録が増えて大変喜んだりします。しかし、霊界において動物は、生存しても繁殖はしないのです。

それでは、霊界のすべての動物は何をするのでしょうか。それは一言で要約すれば、人間と共に喜び合いながら生存するのです。霊界の動物は、人間を恐れて避けたり逃げたりすることがなく、ただ人間と一緒に生存しています。彼らは人間が自分たちの主人であることや、人間を喜ばせるために存在していることを知っています。

例えば、猫は見慣れない人を見ても逃げず、人間の手や頭に乗って、自らの固有の鳴き声でじゃれたりします。ほとんどの動物は人間の傍らで、あたかも赤ちゃんが母親の傍らを離れたくないかのように暮らしているのです。人間を恐れる動物は一匹もいません。彼らは自分の巣や林の中や木の枝で暮らしていますが、人間の声を聞くや否や、やって来て歌を歌いながら喜びます。そして、彼らは人間の体の至る所を自らの安息所のようにして、安らかに、恐れることなく寝たりします。

それだけではなく、すべての動物は人間の生活環境に応じて動いてくれます。人間に楽しいことがあれば、鳥は歌を歌い、獣はぴょんぴょんと跳び跳ねながら喜びます。また、教育の場となれば、おとなしく講義を聴きながら、教育の進行や日程に一様に順応します。彼らは自分たちの主人の表情と生活をよく知っていて、一緒になって動くのです。すべての動物は、主人である人間のために生存しています。

では、このような動物を誰が創造したのでしょうか。それはこの美しい山や野原を創造したように、神様が創造したのです。神様は人間のために自然万物を創造されました。神様は人間を創造なさる時、出産の準備と同じように、子女の生活に必要なすべてを準備しておいたのです。親なる神様は、私たち人間のためにいろいろな次元の動物を創造してくださったのです。

（一九九九年十一月二十九日）

上流層の動物世界

霊界の上流層においては、動物と人間がお互いに何のはばかりもなく自然に生活していて、まるで一つ屋根の下の家族のように一緒になって過ごしています。ここでは、多様な動物たちが人間と共に生活しているのです。人間の生活する環境が変わるたびに、様々な次元の動物たちがやって来ては喜ばせてくれます。人間と動物は不可分の関係になっていて、人間は動物の真の主人の姿で登場します。

簡単に言えば、人間が動物を従わせるのではなく、動物のほうから人間を主人として仕えてくるのです。例えば、犬や鳥やかもなどは、人がいる所にやって来て、「私の主人は今何をしているのだろう。私は何をすればいいのだろう」と考えながら主人のそばで待っていたり、主人の行動半径に合わせて一緒に動いたりします。主人が客と話をするときも、客や主人の頭や手に乗ることはあっても、決して行儀の悪い行動はせず、自然な雰囲気を醸し出してくれます。鳥の歌声、かもの歌声、犬のしっぽ振りなど、彼らはあらゆるかわいいしぐさで人の頭や肩に自然に乗ったり、人にもたれて横になったり、自分の主人の傍らで眠ったりするのです。その中でも特に鳥たちは、胸に抱かれながら気持ち良さそうにじっとしています。このような様子を眺めていると、私たち人間がこの宇宙世界の主管主の立場でつくられたということを、神様にどんなに感謝をしてもし足りません。

（一九九九年十一月三十日）

中流層の動物世界

霊界の上流層においては、いろいろな次元の多様な動物たちが、様々な面から人間に対して、かわいらしいしぐさを誇るように発揮しながら生活していました。しかし、霊界の中流層においては動物の数が上流層ほど多様ではありません。ここでの人間世界と動物世界の関係は、地上のそれと似ています。

そしてここでの動物たちは、自らの巣に一定の範囲が決められていて、人間に接近する程度や頻度が上流層のそれとは明らかに異なっています。ほとんどの動物たちの様子は、上流層のように自由でも、安らかでも、幸福でもありません。人間と一緒に過ごすことがあっても、じゃれたり、すべてをゆだねたりすることもないのです。このような動物の姿は至る所で見かけられますが、ここでの動物たちは文字どおり単なる動物にすぎません。ここでは、人間と動物の違いが画然と現れ、万物の主管主としての人間の姿は上流層よりはるかに貧弱です。ここでの動物は自らの巣で別々に生活していて、人間は人間の位置で生活しています。文字どおり動物は動物世界に、人間は人間世界にいると考えればよいでしょう。

（一九九九年十一月三十日）

下流層の動物世界

霊界の下流層においては、動物の姿を見る機会はめったにありません。ほとんどの動物が、ある一定の場所に隠れているからです。一般的にここでの動物は、人間の声を聞くとすぐに逃げてしまいます。人を恐れる傾向が強く、人間と一緒にいることを願いもしません。

下流層の動物たちは人の目を避けて通るため、人間は彼らの姿をほとんど見ることができません。上流層の鳥たちは「チュンチュン」と、いつでもどこでも歌を歌っているため、彼らの姿をいつも自由に見ることができます。しかし、下流層の鳥は人が通るとさっと逃げてしまうので、鳥の歌声をほとんど聞くことができません。したがってここでは、人間と動物の調和というものはほとんど見いだすことができないのです。もしも人間の目に入りでもしたら、たちまち捕まって食べられてしまうため、動物は真っ先に人間の目を避けて逃げていってしまうのです。

そして下流層では、動物たちの恐ろしい鳴き声が時々聞こえてきます。全く同じ動物でありながら、どうして上流層では歌声を出し、下流層では恐ろしい鳴き声を出すのでしょうか。私は、この点をじっくり考えてみました。

上流層の動物たちは常に、何の恐れもなく、主人に対する不安感もありません。誰かが私を捕まえはしないか、銃で撃ちはしないか、といった恐怖感は全くありません。しかし下流層の動物たちは、常に追われる境遇にあります。そのため、ライオンのような恐怖の鳴き声が現れるしかないのではないでしょうか。

実際、ここでの動物たちの鳴き声は、上流層のそれとは全く違います。上流層では平安な声ですが、下流層では恐怖におののいていて、鳴き声そのものが違います。

（一九九九年十一月三十日）

動物世界で人間は主管主

神様は、宇宙万物を創造なさる時、人間を万物世界の主管主としてつくられました。しかし、誤った歴史が綿々と続くことによって、人間は主人の立場を喪失してしまったのです。しかし、本然の世界（霊界の上流層）に立ち返れば、人間は、神様の創造の法則によって万物世界の主人となり、堂々とした姿で登場できるのです。このような厳然たる事実に対して、私たち人間は、どのように感謝を捧げたらよいのでしょうか。

親なる神様の、子女に向けられた慈愛と愛の前に、私たちはいま一度感謝を捧げましょう！

そして、本然の世界において主人の姿で堂々と現れ、神の子としての喜びを神様にお返しする道を歩みましょう！

（一九九九年十一月三十日）

二　植物の世界

神様が人間を創造なさる時、すべての万物を人間のために創造されました。植物も、ただ人間のために造られたのです。地上生活において人間は、休暇シーズンになれば山や渓谷や海に行きます。それは自然に接しながら、人体にたまって様々な害になる要素を除去しながら、精神を療養するためです。

これは、やはり霊界でも同じです。霊界にもいろいろな次元の美しい自然があります。その種類は列挙するのも大変なくらいに多様です。地上では植物園、公園、休養地などで美しい花や木、いろいろな植物をよく見かけるでしょう。しかし、天上の植物は美しく、地上のそれとは比較できないほどです。花や木、名も知らぬ雑草など、それらの美と調和は地上とは著しい差がありま す。中でも、特に差があるのは色合いの調和です。

すべての植物は、美そのものです。その場に人間が共にいると、植物は自らの固有の特性によって、より一層麗しく美しい色と香りを発するようになります。植物は、人間の心の状態に自ら進んで感応してくれます。あるときはゆらゆらしたり、あるときは自然に人間を優しく包んでくれます。

植物は、人間の香りを嗅ぎながら生きているように思われます。人間がそばに寄ってくると、植物はおのずから多様な姿を表現して自らの姿形を自慢し、その人の心に感応して固有で魅惑的な香りを発散します。このような天上の万物を見つめていると、人間はたちまち恍惚《こうこつ》の境地に入ってしまいます。

地上においては春夏秋冬という四季による変化がはっきりとしていますが、霊界においては人間の心によって春が訪れたり、夏が訪れたりと、季節の多様な姿を現しています。例えば、雪の降る真っ白な草原が見たいと思い立った瞬間、その人は一瞬にして広く真っ白な草原に立つ自分自身の姿を発見します。

では、当事者以外の人もこのような姿を見ることができるのでしょうか。その人の心情にかかわらず、見えることもあるし、見えないこともあります。しかし、地上と違う点は、四季の期間が一定に定まっていないという点です。そのため天上には常に美しい季節が続くこともあります。人間一人一人が自分の望みの季節に、業務や読書や休養などをすることができます。地上においては美しい紅葉は秋にしか見ることができませんが、天上ではいつでも美しい紅葉を見ることができるのです。人間の心の状態によって木そのものが美しい紅葉に染まるし、木や花や草などが人間の心に共鳴し、色とりどりの紅葉に変わったり、草原に変化したりします。

ここは私の知性では表現し切れない部分があまりにも多いのです。ここではいつも美しい四季の姿を見ることができます。明らかに夏なのに、雪に覆われたような木の枝や花がありますが、それを触ってみると雪ではないのです。そして冬でもないのにやせこけた木の枝があったり、夏にもやせこけて枯れたような木が現れることもあります。

童話に出てくる魔法使いみたいな話だ、と表現すればいいのでしょうか。このような植物の姿を見ると、人のいない閑静な所に生きる木の葉の色と、人と常に接する所に生きる木の葉の色が特異なのです。後者の木は前者に比べて非常に多彩で魅惑的な香りがするし、その姿も多様です。ここでは、やせこけて枯れた姿は、ほとんど見つけることができません。天上での美しく多彩な自然の姿を一度も経験していない地上人に説明するのは、本当に難しいものです。李相軒《イサンホン》にとっても説明しにくいのですが、ましてや一般の地上人に、どうしてこの現象が理解できるでしょうか。

結論的に言うと、天上の自然の美しい姿は、まるで魔法使いが魔法を使うように変化に富んでいます。それは、人間の精神を完全に魅了するほど美しいのです。このような植物の固有な特性と様態は、天の父母が子女たる人間のためにつくっておいたもので、まるでおもちゃのようです。

「天の父母様、ありがとうございます。私たちを創造する前に、子女である私たちのためにこんなにも美しく、麗しく、かぐわしいおもちゃを、至誠と精誠を込めて造ってくださり、天の父母様、本当にありがとうございます」と、私たちは喜びを天の父母様に帰すべきです。私たちは、天の父母様の子女としての道理をしっかりと立てていかなければなりません。

（一九九九年十二月一日）

上流層の植物世界

神様は人間を創造する前に、人間に対して様々な配慮をして万物を創造されました。私たちは植物の姿を見ると、人間を愛する神様の心が十分にうかがえます。毎日同じ服を着ていれば、自分はもちろん、他人も嫌気が差すものですが、植物は刻一刻と様々に姿や色を変えながら人間を楽しませてくれます。

例えば、地上での榮進《ヨンヂン》様の昇華（聖和《ソンファ》）式は、霊界においては歓迎式でした。この式が行われるとき、霊界のすべての植物は新しい服に着替えたようでした。赤、黄、青、紫など、麗しくきらびやかな光で新たに着飾って、すべての植物は自らの固有な姿と特性を表現しながら、ひらひらと揺れて喜んで迎えてくれました。そしていろいろな種類の鳥が、まるで万国旗がはためくように、休まずに空を飛び交いながら歓迎の歌を歌ってくれました。木や花は共に約束でもしたかのように、風に舞いながら踊っていましたが、それはまるで人々が肩を組んで歌いながら踊っているようでした。

それだけではありません。あらゆる花や雑草や木々が共に醸し出す香りは、私たちの鼻や腹の中に深くしみ込み、全身に浸透していきました。地上では、こんなにも魅惑的な香りは嗅いだことがありません。歓迎式の祈祷時間には、植物の葉も花も鳥も、みな静かに厳粛な姿に変化します。李相軒《イサンホン》がこのような話をすると、皆さんは私がうそを言っていると思うかもしれません。しかし、これはうそではなく真実です。私たちは、このように美しい世界で永遠に暮らせるようにしてくださった神様に、そして霊界で永遠に幸せに暮らすことを教えてくださる真の父母様に、心から感謝しなければなりません。

このような事実をはっきりと知れば、人はみな、なぜ美しく生きなければならないのか悟れるでしょう。長くない地上生活を少しだけ我慢して苦労すれば、永遠の安息所、美しき園で美しき自然と共に暮らすことができるのです。私はこれから皆さんに美しき園の本然の姿を詳しく紹介していくことにしますが、皆さんは主人を待ち望む植物（万物）のことを常に考えながら生きていかなければなりません。

（一九九九年十二月二日）

中流層の植物世界

中流層の植物の姿は、上流層の姿ほど美しくありません。そして中流層の植物界は、人間の心の状態に伴う変化が少なく、あたかも地上で季節と気候によって植物の姿が変わるのに似ています。地上の家庭の草花は、主人がうまく世話をすれば、生き生きと美しく生長しますが、世話をしなければそのように生長しません。中流層の植物の姿も同様です。

そして、ここの大部分の植物は人間の心にほとんど照応しません。中流層の花や木や草は、人間と関係なく、そのまま存在します。上流層の植物が優しいなら、中流層の植物は無愛想です。

（一九九九年十二月二日）

下流層の植物世界

ここは、光がほとんどないので陰気です。山奥でまばらに立っているような草や樹木は、実に哀れでかわいそうに見えます。植物は、太陽の光を受けてこそ生長し、その色もきれいになります。しかし下流層の植物は、太陽の光をほとんど受けることができません。地上の数多くの雑草は光を存分に受けるために生長できますが、こちらの植物は地上の枯れた雑草よりも劣ります。

時々風が吹くとやせこけた木の枝が揺れますが、この時はぞくっとさせられます。このような雰囲気の中で、万物と対話しながら花や葉に触れる気になれるでしょうか。誰からも愛されない植物は、まるで笑うことを忘れた人の表情と似ています。

（一九九九年十二月二日）

植物世界と神様の愛

私たちは、万物を見つめれば見つめるほど、神様の愛をより一層感動的に感じることができます。神様が願っていらっしゃった本然の人間世界は、すべてが豊かで平和な美しい自由天地でした。しかし人間の堕落によって、人間はもちろん動植物をはじめとするすべての被造世界が、悲しみの世界と化してしまったのです。このような悲しみの世界を見つめる神様の心境はどうでしょうか。

一刻一刻新しい服に着替えて自らの主人が現れることを待ちわびてきた美しい万物と、いくら無言の対話を限りなくつづり、数多くの感嘆詞を詠じてみたとしても、それはただ美しい文章が私たちの脳裏をよぎるだけです。私たちは、人間を創造してから今日までがら空きになっている神様の心を、熱くいっぱいに満たしてさしあげなければなりません。

（一九九九年十二月二日）

三　鉱物の世界

森羅万象のすべての被造物のうちで、神様の愛の手を経なかったものは一つもありません。したがって、すべての被造世界は神様の愛そのものであり、鉱物世界も例外ではありません。鉱物が人間にどのように喜びを与えているのか調べてみましょう。

私は地上で生きている時、石が話をするのを聞いた経験があります。そしてこちらの霊界に来ても奇異な現象を少なからず経験しました。

こちらに新人としてやって来て間もない時のことでした。私はこの国に見るものがあまりにも多く、研究や分析したい資料があまりにも多くて、少しも休むことができませんでした。あちこち我を忘れて回っている最中に、見たこともない不思議なことを発見すれば、じっとそこに座り込んで深く考えにふけってみたりしました。

そんなある日、考えにふけりながら、ふとうつらうつらしていると、得体の知れない変な音がしました。私の座っている岩の下から、鐘や銅鑼《どら》をたたく音色が聞こえてくるのです。はっと驚いて目を覚ますと、何も見えませんでした。

私は辺りをもう一度見回してみましたが、やはり何も見つけることができなかったのです。その時、突然ある考えが浮かんできました。「岩石が、私がここに来たことを歓迎しているんだなあ……」。それで私は「おいおい、そんなに歓迎してくれたら、何だかこちらが申し訳ない気分になるよ。やめてくれ」と話しました。岩石は「今まで私のところに来て、一度も座ってくれた人がいませんでした。私のことを貫く思ってくれる人がいなかったのです。今初めて主人に出会えて、本当にこの上なくうれしいです」と言いながら、より一層感銘深く合奏をしました。

このような事実を地上人がどうして理解できるでしょうか。しかし、現代医学を専攻した内科医の私が確かに経験したのです。

それだけではなく、霊界の新人時代に経験したことがもう一つあります。その当時私は、山や野原、川岸や海辺をくまなく歩き回っていました。そんなある日、高い山の上の大きな岩に達しましたが、その岩は急な斜面に位置していました。私は、そちらに近寄るとけがをする危険性があるので、そこを避けて別の所に回りました。その時突然、「アーリラン、アーリラン、アーラーリーヨー、アーリラン峠を越えていく。私を捨てて行くあなたは、一歩も前に踏み出せずに帰ってくるよ、帰ってくるよ、帰ってきますよ」と、民謡のメロディーが聞こえてきました。

私は、岩の上で誰かが歌を歌っているのかと思いました。しかし、私は誰も発見できませんでした。その声をずっと聞いていると、それは人の声ではなく、浮かれて茶わんをはしでたたくようなメロディーでした。私は岩をぼんやりと見つめていました。するとその時、神様が「相軒《サンホン》よ！

岩がお前を待ちながら、のどがかれるほどに歌を歌ってきたのだ。それなのに、お前が他の方向へ行こうとするから、岩があまりにも残念がってお前を呼んだのだ」とおっしゃいました。鉱物は外的な形も神秘的で美しく、内部からもこのような美しい歌が流れるのです。私はこのような事実を経験しながら、呆然《ぼうぜん》としてしまいました。

川辺を通ると、澄んだ水がちょろちょろ流れていました。水の中から「私の御主人様がやって来たら、髪を洗って、手も洗って、足の爪まできれいに洗ってあげるのさ」というメロディーが流れてきました。そして私が海辺を通ると、そこでは私のための舞踏会が開かれていました。小魚や大きい魚がぴょんぴょんと跳び跳ねたり、魚の群れが集まっては散らばっていきます。それはまるで、きれいなこまがぐるぐると回るような光景でした。様々な波の妖精たち、波しぶきの踊りなど、とても想像もつかない宴でした。

空からは香りあふれるメロディーが流れます。楽器も見えないのに、美しいメロディーや華々しいたそがれなど、奇想天外な現象が展開します。このような姿を見つめていると、胸がいっぱいになって気が重くなります。真の父母様に対して申し訳ないからです。地上で真の父母様があまりにも苦労なさっているのに、ここで李相軒《イサンホン》はすてきな世界旅行を楽しみながら恍惚《こうこつ》の境地に浸って、美しい天国で無邪気な少年や青年のように過ごしています。妻もこのような美しさに陶酔しています。私は霊界の美しい姿を詳しく整理して、地上人に紹介することが真の父母様のための道であると思い直しました。

（一九九九年十二月三日）

上流層の鉱物世界

上流層のすべての被造物は、一様に真の主人に会いたがっています。上流層の鉱物は、創造本然の被造物といえるでしょう。天や地で、海や川で、山や野原で、風や水や石などすべての鉱物は、一様に自らの主人を見分けて歓迎することのできる、最高の基準を享受する被造物です。

ここで注目すべきことは、口の利けない石ころ、足に踏まれる石ころが何を通して語り、いかにその言葉が人間の耳に聞こえてくるのかという点です。上流層のすべての被造物は愛の神様に対して心を開いています。したがって、人間が完成して神様の子女としての立場に立つようになれば、神様が子女を愛するその基準の前に被造物も心を開くようになり、人間は宇宙すべての主管主となります。人間が主管主の位置に置かれるようになれば、ここに所属している被造物はすべて主管主の前に共鳴せざるをえません。上流層の鉱物は、誰が命令しなくても自ら人間に共鳴します。これはあたかも四季が、誰に命令されなくても移り変わるのと同じです。これが神様の創造の基準です。

神様は、人間を愛の最高基準に立てておかれました。これは神様の人間に対する特別な配慮です。したがって鉱物世界、植物世界、動物世界は、人間に授けられた大きな神様の恵みです。これより正確に神様の愛を説明する方法があるでしょうか。これより的を射た説明はどこにもないでしょう。このような脈絡から考えてみるとき、神様を私たちの父母として侍っていけるということは、どんなに幸福なことでしょうか。

私たちは心を尽くし、真実を尽くし、真を尽くして、創造本然の人間の姿を指標として生きていくならば、その幸福な立場はすべて私たちのものとなるでしょう。その目標のためにすべての熱情を捧げて生きていくことを、李相軒《イサンホン》はお願いしたいのです。この幸福な立場を私たちが逃すのではないかと憂慮し、霊界の事実を教えるために李相軒を召命された真の父母様の事情を思うと、いつも申し訳なく恐れ入るばかりです。皆さんが真の父母様の切なるみ意《こころ》を深く深く察しながら、このような霊界の現実を受け入れてくれるようお願いします。私はいつも皆さんに真実だけを紹介しましょう。

・興進《フンヂン》様のメッセージ

私は、地上で病気を治療したこともないし医者でもありません。そして若くしてこの場にやって来ました。しかし、私は病気を治すこともでき、人を見る目もあります。こちらの世界では、被造物でさえ真の主人を見分ける能力を持っています。それなのに、宇宙の主管主としてつくられた人間が、神様の聖なる霊の中にあってできないことがあるでしょうか。

（一九九九年十二月三日）

中流層の鉱物世界

森羅万象の、存在するすべての創造物は、愛の神様が人間のために造っておいた被造物です。したがってすべての被造物は、上流層のように神様が共にあってこそ、彼ら自身の本分をすべて発揮することができるのです。それゆえ鉱物自体も神様と共に生きることを願っています。

ここ中流層の鉱物の姿は、簡単に話せば地上のそれと似ています。人間は喜怒哀楽の大部分を、自然を通して経験することが多いのです。

ところで、人間が美しい宝石や盆石など、鉱物を見て楽しむために手に入れたとき、人間の欲望はそれで達成されるかもしれませんが、真の主人に出会って喜び楽しみたい万物や鉱物自体の欲望は達成されることはありません。

人間は一定の環境圏にある鉱物の外的な形だけを見て満足していますが、様々な鉱物は一定の環境圏において造られたままの姿で存在するだけです。それゆえ、鉱物世界はその本質的な深い内容を発揮することができないでいます。鉱物におけるところの目や口や鼻は、形としては存在しませんが、それらは人間と共に交流することを願っています。また私たち人間は、鉱物世界にまつわる神様の恨《ハン》までも解かなければなりません。

（一九九九年十二月五日）

下流層の鉱物世界

山も野原も海も転がる石も、神様と人間が共にあってこそ光ることができ、自らの姿が整います。しかし下流層では、人間の生きること自体が大変で困難なため、鉱物世界も暗黒と同じです。

野原は荒廃と化して捨てられた地と似ており、人跡の絶えた山の隅にはやせこけた木が並んでいます。こちらには一定の道がなく、周囲は常に陰鬱としていてぞっとします。海は今にでも嵐が吹き荒れそうな雰囲気で、山のような波が常に押し寄せています。道にはごつごつした石ころがあちこちに転がり、人は歩くことができず、その場ごとに避けていくしかありません。

ところで、このような環境で人は暮らさなければならないのでしょうか。ここの人々はお互いに嫌っています。彼らには、すべてが面倒くさいのです。生きること自体が面倒で、彼らには波と野原の姿、そのほかは何も見えません。

このような環境に置かれている鉱物世界ですが、鉱物たちは人間を慕い求めながら、主人が現れて触ってくれることをずーっと待っています。

（一九九九年十二月五日）

鉱物世界と神様の心情

鉱物世界の上流層、中流層、下流層には、神様からつくられた大切な子女たちが暮らしています。神様の心はどこにとどまるでしょうか。病んだ子には痛ましさを感じて、より愛の手を差し伸べたくなるものです。このような心情は、肉身の父母も神様もほとんど同じです。

主人を待つことに疲れ果てて、怒り狂った波のように憂さ晴らしをする海や、荒廃化した広い野原は、主人が現れて育てて整えてあげれば、本然の姿を現すことができます。転げ回っている岩も本来の場所に戻してあげれば、本然の姿を現すことができるのです。より下流の層に向けられる神様の心情を、私たちは常に察してみなければなりません。

（一九九九年十二月五日）

第三章　人間の姿（人間論）

一　本然の人間の姿

神様は、人間を創造するに当たって、人間を最初に創造されたのではありません。神様は、人間が暮らすことのできる環境圏をすべて準備してから、人間を創造なさったのです。地上界では最初の人間の出現に関していろいろな説があります。その代表的なものに「進化論」と「創造論」があります。まず進化論について調べてみましょう。

進化論によれば、ある生物が進化して類人猿になり、類人猿がだんだん発展し進化して現在の人間が出現するに至ったといっています。すなわち、猿が進化してヒトになったというのです。それは全知全能なる神様の創造能力（知性）を全面的に否定する理論です。

私たちが被造世界を観察してみると、ある一つの物質が進化して松になったり、いちょうの木になったのではないことが明らかに分かります。宇宙全体の主管主としてつくられた人間を、一つの進化論で説明することは、極めて誤った考えです。

地上世界では、科学文明の発達によって木と木、花と花を互いに交配させ、新しい木やより良い花に品種改良できるようになりました。しかし、人間は偶然に進化した存在ではありません。人間は神様の子女であり、万物の主管主という明確な目的のもとに、神様によって創造された存在です。人間の姿を理解できなければ、全宇宙を見てください。

天地万物の存在と変化が人間の知性によってなされるでしょうか。春夏秋冬の四季の変化を科学の力でなすことができるでしょうか。様々な次元の宇宙現象は、何の目的も方向性もなく偶然に生じることができるでしょうか。

すべての被造世界は人間のために造られました。万物の主管主として人間は、鉱物、植物、動物界には見られない、霊人体と肉身の二重的な存在として創造されました。肉身は地上生活のために、霊人体は天上生活のために創造されました。霊人体は、地上の肉身生活を通して成長した土台の上で、神様の永遠なる世界で生きられるようにつくられたのです。したがって、永遠の世界である安息の地は神様の願いである本然の世界であり、その世界で生きられる者こそ神様の創造本然の人間です。

そこに定着する人間は、本然の人間であり、神様の形状であり、神様の願いであり、神様の喜びの対象です。そのような人間は、永遠なる神の国において真の子女の姿となって、神様とあたかも光と影のような関係で生きます。そして神様の思考や思想と一体となって生きていくため、永遠に変わらない神様の分身として存在するようになります。神様の属性に似ていき、神様の真の似姿となった対象となるのです。それは、常に神様が対することのできる人間本来の姿としての対象です。

私たち人間は神様の姿に似た光の主人公であり、神様の心情と事情を察することのできる存在です。言い換えれば、神様に名前を呼ばれただけでも神様の事情を察することのできる子女が、まさに本然の人間の姿です。

（一九九九年十二月六日）

二　神様を離れた人間の姿

神様の心情や事情とは関係ない人間の姿が、まさに霊界の下流層で暮らしている人間の姿です。誰がそこを創造したのでしょうか。

神様は、天地万物を創造したあと、最も貴い主管主の立場に人間を立てようとされました。神様は、父母なる神様も見分けのつかないままに生きていくような場をつくりはしませんでした。

神様において数多くの痛みと苦難と忍苦の根本原因は、人類歴史の出発が誤ったところにあります。その結果、人類歴史は苦痛、病苦、貧困、戦争など、様々な試練でつづられ、人間の考えや思考のパラダイムは、神様とは関係ない存在様相に転落してしまいました。永遠の霊人体の姿さえも明るくなくなったのです。霊界の下流層は、刑罰と苦難の生活そのものです。地上において人間がつらく苦しく悲惨に生きるようになったため、霊界の生活もやはり悲惨にならざるをえません。その場は、神様の胸を痛めるアジトです。

「どうしたらいいんだ」と、どんなに叫んでも、どんなに身もだえしても解決されることのない生なのです。不幸な居場所で暗闇の中を果てしなく生きていく子女たちを見るたびに、神様はその場にとどまる子女を心配しては、常にため息の歳月を送ってこられました。

神様のそんな悲しみをなくし、下流層を解放する方法は、地上の生にかかっています。実った穀物は倉庫に入れられ、実りのない穀物は風に飛ばされて大地の肥料や肥やしとなります。しかし人間は、誤った人生を送ったからといって肥料や肥やしとなって消えるでしょうか。残念なことに、誤った人生を送って実を結ぶ所は、まさに霊界の下流層です。地上で真の人生を送らなければ、ここではそれが永遠に残ります。どうか地上で誤った人生を整理して、この下流層に来ないように努めてください。今まで数多くの内容を知らせてあげたはずです。どうか地上で正しく生きてから霊界に来てください。

本来、神様が願われた本然の人間の姿を考えながら、目標をそこに定めなければなりません。うまくいかなくても何度も願い求め、身もだえしながらでも、地上で完全に整理して来なければなりません。ここでは世話をしてくれる者もいないし、大目に見てくれることもありません。正しく生きることを願っています。

（一九九九年十二月七日）

三　二性性相でつくられた人間の本質

神様は、人間を創造なさる時、人間を単純な一つの個別体でなく、男性と女性の二性として創造されました。したがって人間は、個別的な存在ではなく、陽性と陰性の調和体として存在します。言い換えれば、男性は女性を必要とし、女性は男性を必要とするようにつくられたのです。男性と女性が一つになって子女を生み、神様の子女として養育して神様に捧げるように創造されたのです。したがって人間のあらゆる身体的な構造は、子女を繁殖できるようになっています。

また、人間のすべての構造は、神様の姿をそのまま似せて造られました。人間の頭のてっぺんからつま先まで、小さな細胞や産毛でさえも神様に似た分身として造られたのです。そして森羅万象のすべての存在も、神様の本然の姿を根拠にして造られ、二性性相から成り立っています。これに関しては『原理講論』を参考にしてください。

それでは、すべての存在世界を二性性相、つまり陽性と陰性の中和体、性相と形状の統一体として創造なさった神様のみ意《こころ》は何でしょうか。

それは簡単です。一にも二にも三にも、二性性相から成っている神様の本然の姿を知らせるためであり、二性性相によってのみ有形世界のすべての生物が繁殖できるからです。

神様は人間に対して、すべての被造世界の主管主という特権を与え、神様御自身の本然の姿を最もよく現してくれることを願われました。それは人間が子女を繁殖し、神様に喜びを返すことでした。これが、神様が人間を創造した目的でした。

ところが、人間は堕落によって神様の本然の姿に似ることができなくなり、神様に愛と美を返せなくなったのです。その代わりに、人間はサタンの血統を受け継いで、すべての被造世界の主管主としての資格も剥奪《はくだつ》され、万物は新たな主人を待たなければならず、痛みと苦痛の歴史が始まるようになりました。このように痛ましい歴史が、神様の前に厳然たる現実として残るようになったのです。

堕落した人間は、誤った血統を正されなければ、神様に似た本然の人間の姿として現れることができず、被造世界の主人として登場することもできません。このような堕落人間を本然の人間の姿へと復帰するために、はるかな歴史を通して神様によって探し立てられたお方が、まさに文《ムン》鮮明《ソンミョン》先生です。

人間が堕落して以来、血統を整理しサタンを全滅させることのできる人物を、神様は限りなく待ち焦がれてこられました。そんな神様の足跡は、薄氷を踏むような、焦燥と緊張と涙と恨《ハン》の生涯でした。

それゆえ、今や神様は真の父母様を背負い、抱いて、保護しながら、一歩一歩の歩みの前に光彩を敷いて、復帰摂理の経綸《けいりん》が成されることを願っていらっしゃいます。今日の私たちはこのような良き時代に生まれ、真の父母様を通して失われた本然の人間の姿を取り戻すことができるのです。なんと恵まれていることでしょうか。私たちは父母様に侍《はべ》って正しく生きていきさえすれば、神様の世界へ直行することができます。なんと幸福なことでしょうか。

数多くの預言者や烈士や歴史上の人物たちは、自らの生をどんなに切磋琢磨《せっさたくま》して生きたとしても、このような環境に生まれることができなかったのです。そのため、神様とは別の場にとどまり、そこが自らの安息地であるかのように生きています。

私たちは幸福な者であり、最高の立場に生まれた者たちです。私たちは本当に勝利者の姿です。私たちはすべてにおいて真の父母様の指示に従い、神様の願われる真の子女の姿に戻って、本郷の園で、本然の姿を必ず見せてさしあげなければなりません。それが神様の人間に対する創造目的の根本であり、子女としての根本の道理です。

（一九九九年十二月十七日）

第四章　無形実体世界（霊界論）

一　本然の無形実体世界

神様は人間を創造なさる時、肉体を持って生きる有形実体世界と霊人体が生きる無形実体世界の二つの実体世界を創造なさいました。そして神様は、有形と無形の二つの実体世界が体と心のように分離できない関係を結ぶようにされました。

ところが、ほとんどの人間は地上で生きる時に、無形実体世界の本質的な価値を実感できずにいます。そのため人間は、有形実体世界の価値だけに執着し、永遠の世界に対する生の準備ができていません。そのような人間が予期しない死に出くわせば、肉身を離れた状態となって、自分の生の過ちを整理する機会を逃してしまいます。そうなれば、無形実体世界において困難を経験しながら生きなければなりません。それは神様との関係が断絶しているからです。これが歴史的な悲運です。

人間は、地上生活を通して霊人体を完全に成熟させたのちに、無形実体世界で神様と共に永遠に生きるようになっています。しかし、堕落によって人間は、神様と関係のない世界に落ちてしまいました。それゆえ、神様と人間が互いに直接会うことのできない、様々な階層が生じるようになったのです。人間始祖の堕落ゆえに、その子孫は有形実体世界と無形実体世界において、ずっと困難を経験するようになったのです。したがって無形実体世界は、神様と人間が永遠に一緒に暮らす安息の場であり、喜びの場であり、父母と子女が一緒に暮らす、平和と幸福と希望と光明の世界だったのです。

このように、平和と幸福と希望の無形実体世界には、人間の堕落によって、いろいろな階層が生じるようになりました。それゆえに神様は、人類歴史を通して、復帰の恨《ハン》を抱き、子女の悲しみに胸を痛めながら、本然の無形実体世界が復帰されることを待ち望んでこられました。しかし、本然の無形実体世界が復帰されるには、人間の地上での生が徹底して整理されなければなりません。そうでなければ、神様の願いである本来の無形実体世界は成されないのです。

ここで李相軒《イサンホン》が皆さんにくれぐれもお願いしたい点は、地上において真の父母様に侍《はべ》りながら生き、永遠なる無形実体世界の生のために徹底した準備をしなければならないということです。今日、皆さんは、あまりにも途方もない地上の環境圏において、天上天下の真の父母様に仕えて生きています。そのことを常に肝に銘じて生きなければなりません。皆さんは、真の父母様の指示と教えに従って生きていきさえすれば、本然の無形実体世界の主人公になることができます。皆さんすべてが、神様と真の父母様の永遠なる安息所において、その主人公になることを切にお願いします。

（一九九九年十二月十六日）

二　上流層の無形実体世界

神様は、御自身と人間が真の愛を中心とした親子の関係となるように創造されました。そのため、神様と人間は願うことを直接話さなくても互いに通じて生活できるようになっています。このような生活をすることのできる世界が、まさに上流層の無形実体世界です。

言い換えれば、神様と子女が考えを同じくする流れの中で生活することができるのです。したがって、そこには常に平和と幸福が満ちあふれています。そして、上流層においては「ため」に生きる生活自体が全面的に実現されています。

したがって、その世界では不平、不満、葛藤、闘争などは全く起こりません。常に神様の光の中、神様の懐に抱かれていて、個人個人の心に豊かさと平安とゆとりがあり、個人的な我欲は生じないのです。そこでは神様と子女が、永遠の幸福と平和を共に味わいながら生きています。このような世界の実情を神様と真の父母様はよく知っていらっしゃるため、私たちに霊界を悟らせようとして何度も何度も訓示なさるのです。私たちは真の父母様の教育と愛の前に、千回も万回も感謝しなければなりません。

神様が子女である人間に最上の立場を与えられたことや、真の父母様が子女である人間に霊界の実情を教え、永遠に幸せな立場に導こうとされるのは、真の愛による親子の絆《きずな》ゆえです。私たちはみな神様と真の父母様の愛を固く信じて感謝しながら、肉身を脱ぎ捨てて永遠に生きていく無形実体世界の生のために、完璧に準備をしなければなりません。真の父母様の愛と恩恵と涙を、深く深く肝に銘じてください。

（一九九九年十二月十七日）

三　中流層の無形実体世界

神様が願われた本然の無形実体世界は上流層しかありませんでしたが、地上の人間の生ゆえに無形実体世界には様々な階層が生まれました。ここ中流層は、神様の事情と愛を体恤《たいじゅつ》しにくい所であり、人間相互間の心情と事情もよく通じない所です。ここでの生活は、地上の生活と似ています。

ここでは、まるで地上で伝道して食口《シック》にするように、無形実体世界の本然の姿を悟らせる教育が実施されています。ここ中流層には、地上生活のようにいろいろな類型の生活の共同体が集まっていますが、そのような教育を受けた者と受けない者では大きな差があります。しかし、上流層の実情に関する教育が徹底的に実施されても、ここでは神様の光彩の頻度と程度が少なくて弱いため、神様と人間における愛と事情の流れ、人間同士の愛と事情の流れには、上流層のそれとは明らかな差があります。

したがって、皆さんは前もって地上の生を整理し、神様の本質をより深く体恤できる、本然の無形実体世界に直行する生を営まなければなりません。これが最も幸せな人生です。

（一九九九年十二月十七日）

四　下流層の無形実体世界

地上において人間が歩む人生の方向によって、神様が願いもしない無形実体世界の下流層という所が生まれました。

「神様は誰なんだろう、神様はいるんだろうか。神様は見えもしない。神様と私はどんな関係があるのだろうか。神様がいるならば、私をこんな所に閉じ込めておかないだろうに……」。このような愚痴を絶えずこぼす所が下流層の無形実体世界です。父母である神様が子女を訪ねていっても、子女が父母を見分けられない所であり、親子の関係が完全に崩れて切れてしまった世界が、まさに無形実体世界の下流層です。これほどまでに胸の痛い事情がどこにあるでしょうか。子女は父母を知らないとしても、父母である神様は子女の痛みを知っています。そのような痛みが何日、何年、何千年続いたことでしょうか。

これが神様の痛みと悲しみの歳月でした。真の父母様も同様です。真の父母様はこのような悲劇的な歴史を清算し、人類を解放するために東奔西走してこられました。一日たりとも楽に休むことができず、夜を徹して神様の恨《ハン》を解怨するために身もだえしながら生きてこられたのです。それが真の父母様の生涯です。地上の問題を整理なさるお方は、真の父母様しかいらっしゃいません。皆さんが、下流層の無形実体世界の惨状が見えず、知らずにいることは、ある面においては幸いなことかもしれません。しかし、神様と真の父母様はこの惨状を知っていらっしゃるのです。皆さん、どうしたらいいのでしょうか。

お願いし、またお願いします。こちらに決して来ないようにお願いします。地上においてすべての試練を克服し、肉身の欲望を節制して生きながら、勝利者となって上流層の世界へ移ってきてほしいのです。下流層の無形実体世界、そこはすべてが最低であり、達成すべき価値のあるものは何もないのです。先にそこに来た者たちが開拓し開発したとしても、それはまるで岩を卵でたたくようなものです。

こちらに来ない方法は、地上で正しく生きることしかありません。地上で真の師である文鮮明《ムンソンミョン》先生、真の父母様に仕え、その方の教えに従って生きてから来れば、胸の痛む下流層での生から救われます。

すべての地上人の皆さん、幸福な皆さん、こんなにも霊界の実情について細かい教育が受けられる環境圏と真の父母様の前に、毎日敬拝を捧げながら、幸せな生の日々を送ることを祈ります。

（一九九九年十二月十七日）

第五章　天上天下《てんげ》の救世主「真の父母」（メシヤ論）

一　真の父母が来られる目的

人間創造の出発から、誤った歴史が休まず流れてきました。このような誤った人類歴史の流れを黙認して放置しておくならば、神様の摂理の方向を正すことができません。そのためには人類の救世主である「真の父母」が現れ、「偽りの父母」から出発した誤った人類歴史を清算しなければなりません。そうでなければ神様を中心とした人類歴史が始まらないのです。

天地間にもつれた誤った人類歴史を正すためには、真の父母が現れなければなりません。そうして人類は、神様の本来のみ旨を相続し、真の父母を中心とした血統を確立していかなければなりません。今や人類は、人類を救うために来られた真の父母様、文鮮明《ムンソンミョン》先生のみ旨に従って、血統復帰である祝福を通して神様の子女として認められるべき時点に達しました。そうして初めて、神様の創造理想が実現されるのです。言い換えれば、地上では神様の祝福を通してこそ理想的な夫婦、理想的な父母、理想的な子女、理想的な家庭が出現するのです。そして、そういう家庭を通してこそ理想世界が形成され、天上において本然の天上天国が定着するのです。

今まで人類は、偽りの父母の血統を受け継いだまま地上で生き、それから天上に来たため、自動的に天上には偽りの血統の世界が生じるしかありませんでした。したがって、偽りと戦争と疾病だらけのグループや共同体が形成されるしかなかったのです。

それを解決するためには、真の父母がこの地に出現しなければなりません。地上だけでなく天上においても解放されていない偽りの血統から生まれた先祖たちがたくさんいますが、彼らも真の父母様の救いのみ手によって最後の関門を通過すれば、神様の国で永遠に幸福な場に安着できるのです。

このような脈絡から考えてみるとき、理想世界を実現するためには「救世主」、「真の父母」が必ずこの地に出現しなければなりません。このような摂理的経綸《けいりん》のために真の父母は顕現したのです。皆さんがこのような恵まれた環境において、同じ目的を成し遂げていく同参者となることを切にお願いします。

（一九九九年十二月二十三日）

二　真の父母の摂理の方向

今まで人類歴史の方向が誤っていたがゆえに、痛ましくも「復帰」という名詞が生まれました。

人類歴史の出発が誤ったゆえに、人類歴史を正して神様の願う本郷の地に帰っていくことがまさに復帰です。神様が人類歴史の主人公となり、神様を中心とした善なる息子と娘が、愛と美の授受によって四位基台を完成するようになれば、それがまさに本然の地上天国となるのです。その場において個人、家庭、氏族、民族、国家、人類が、同じ父母に侍《はべ》って幸福な世界を築いて暮らしたのちに、天上天国に移るようになっているのです。

ところが人間始祖の出発が誤ったゆえに、神様の代わりに「偽りの父母」を中心とした悪なる子女が悪の四位基台を完成するようになり、個人、家庭、氏族、民族、国家、人類は、地上地獄をつくるようになってしまいました。そうして、「偽りの父母」から血統を受け継いだすべての地上人は、罪悪と戦争と不安の中で生きてから天上地獄へ行くしかなかったのです。

それゆえ人類歴史の誤った方向を正すために、真の父母様が地上で様々な次元の合同結婚式を挙行なさっています。真の父母様が、それを通して神様を中心とした子女に重生させれば、地上の生は天上天国の生活にそのままつながり、人類は神様の国で安息、定着するようになるのです。

それゆえに、人類歴史は復帰摂理歴史です。蕩減《とうげん》復帰摂理の過程を経ずしては、天上の神様の国に登録できません。そのために天上天下《てんげ》の真の父母様が、復帰摂理時代の主人公、復帰摂理の案内者、救世主メシヤとして来られたのです。

皆さんは復帰摂理に共に参与して摂理的な人物となり、誤った歴史を正す子女となり、神様の血統を相続する者とならなければなりません。そうして新しい歴史の先駆者や旗手となって、復帰摂理の前に勝利の旗を掲げながら、「神様と真の父母様、万歳！」を叫びうる子女として責任を全うしましょう。

（一九九九年十一月二十三日）

三　真の父母と共に成すべき終着地

神様が人類歴史を通じて待ち焦がれてこられた本然の終着地とは、どこでしょうか。真の父母様の出現の目的と必要性を先の項で明らかにしました。では、真の父母様をお迎えする終着地とは、どこでしょうか。その終着地は、神様と真の父母様、そして人類が一緒に暮らすエデンの園、本然の園です。そこにある鉱物世界、動物世界、植物世界の森羅万象は、神様が子女のために造っておいたものです。それらのうちで、どれ一つとして神様のみ手を経なかったものはありません。被造世界は、神様が愛する子女のために至誠と精誠を込めて造られたものです。

今や神様の子女たちが本然の園にだんだんと帰ってきています。このような子女たちは、本然の園で真の父母様に侍り、森羅万象の全被造物と共に喜びの歌を歌って踊りながら、父母の愛、夫婦の愛、兄弟の愛、子女の愛、四位《よんい》基台の愛を総動員して、神様の前に愛と美の極致の姿として現れなければなりません。きらびやかな光彩の中で真の父母様が共にある所が、人類の終着地です。

しかし、その日はいつ訪れるのでしょうか。偽りの父母によって蒔《ま》かれた罪悪の種が再び芽を出す前に、根こそぎ切り捨てるべき私たちの闘いがまだ残っています。今や偽りの父母が完全に白旗を上げたため、私たちの闘いは既に終焉《しゅうえん》しました。私たちは、このニュースを全天宙に宣布しなければなりません。

ああ！　私の真の父母様、天上天下の救世主、偉大なる私たちの真の父母様。途方もない歴史の裏道を、前に、後ろにはね飛ばし……。人類の救世主、私たちのお父様、文鮮明《ムンソンミョン》先生、歴史に二度と訪れない聖なる人類の真の父母様に感謝し、また感謝いたします。

人類の救世主、メシヤに、すべての霊界が総動員して敬礼し、また敬礼いたします。天寿万寿を享受してください。人類の救世主が私たちの真の父母であることを、この上なく祝福、祝賀申し上げます。

（一九九九年十二月二十三日）

第六章　統一霊界圏（統一霊界論）

一　統一霊界圏について

神様は、被造物の中で人間を主管主に立てられました。しかし人間は、過ちを犯すことによって偽りの主管主に変わってしまいました。それ以降、初めて「統一霊界圏」が現れたのです。統一霊界圏という名詞は、遠い未来に真の父母様がこちらへ来られて他の名前に変えられるかもしれませんが、ここ霊界では統一食口《シック》村が形成され、「統一霊界圏」という名前が生まれるようになりました。

ここ統一霊界圏には、一〇〇パーセント私たち食口たちだけが集まって住んでいるわけではありません。その中には一般の功労者やお父様の理念と密接に関わって生きてきた人もいます。そしてここでは、他の宗教の人たちが出入りして互いに会うことができます。地上と同じです。ただ一つ違う点があるとすれば、礼拝儀式や真の父母様に対する儀式の手順などです。このような儀式に慣れていなかったり、なじみの薄い人たちは、「原理」を聴講していても、すぐに出ていってしまいます。しかし、ここでの大部分の生活形態は、ほとんど地上と変わりません。私たち食口《シック》は、彼らを伝道するために大きく心を開いて暮らしながら、理解させるように努めています。そして私たち食口の数は、キリスト教徒や他の宗教の信徒の数より少ないほうです。初めてここを訪れた者の感動は、やはり草創期のような雰囲気です。ここには真の父母様がいらっしゃらないという点を除けば、地上における草創期の食口の生活とほとんど同じです。

霊界に上流層、中流層、下流層と数多くの階層があることは、既に分けて説明しました。では、統一霊界圏をなぜ再び分けて説明するのか、また必ずそうしなければならない必要性があるのか、それについて説明しようと思います。

（一九九九年十二月二十四日）

二　統一霊界圏の上流層

先に話した上流層、中流層、下流層の中で、上流層は神様と共に生きているため非常に華麗です。こちらの人々は、きらびやかな光彩の中ですべての被造物と互いに和動し、被造物の主管主として生きています。このように幸福で平和な上流層の雰囲気は、一般人たちの階層には絶対に見られません。

ここはこの上なく幸福な世界です。神様と共にあって、夫婦の自由さ、夫婦の愛、父母の愛、子女の愛などが常に充満した幸福な世界です。このような上流層の愛は、統一霊界圏だけで享受できる特権です。

驚くなかれ。私がこの国に来て、この途方もない事実を語るには、身も心も痛ましくて仕方がありませんが、私は叫びます！「ただ大統一霊界圏の上流層にいる人々だけが、神様の華麗な光彩の中で生きていくことができる」。それは極めて当然の道理ではありますが、この途方もない事実を天下に明言します！

地上で統一食口たちは、真の父母様に出会い、真の主人に出会い、神様の摂理を知り、この国に来る準備をしています。言い換えれば、自らの誤った生涯を整理し清算しながら生きているゆえに、彼らの終着地は当然、神様の本然のみ座になります。畑で実った穀物は刈り取られて倉庫に保存され、実りのないものは肥料に使われるのが当然なことであるように、地上で待ちわびたメシヤを迎え、メシヤに侍《はべ》って生き、神様の本然の世界のために生涯を送った人が、神様のもとにやって来るのは当然の道理ではないでしょうか。

統一霊界圏の上流層は、神様の創造本然の世界が実現した世界です。したがってこの世界は、人間をはじめすべての被造物が、神様の愛の中で喜びと平和と統一と幸福を享受することのできる世界です。そのため他の階層の霊人たちは、統一霊界圏の上流層に来ることをとても念願しています。しかし、彼らはここに来ては再び自分自身の場に戻っていきます。彼らにも地上人と同じ心情が残っているからです。

かといって、統一食口《シック》たちがみなここにとどまるのではないということを知らなければなりません。私は、それを露骨に表現することができず胸が痛みます。実際、ここ上流層にとどまるべき食口が、自らの罪ゆえにとどまれないということも少なくありません。それは、ここ上流層では自らの罪目が暴露されるからです。

胸の痛いことですが、一つの例を挙げてみましょう。ここには、すべきことが山ほどあって人手が足りないため、ある時、ある人を立てて教育時間に講義をすることにしました。ところが彼が講義するとき、彼の罪目の名札が前でも後ろでも揺れていました。それは「姦淫《かんいん》した者」という名札と「どろぼう」という名札、「豚」という名札でした。その名札が彼の講義時間に左右で揺れているので、聴衆たちはどれほど変に思ったことでしょう。しかし、彼らにはその理由が分かりませんでした。ですから彼は、どこかへ去ったのです。どこへ去ったのかというと、自ら進んで自分の牢獄《ろうごく》へ行きました。自分の罪目が蕩減《とうげん》されるまで牢獄で生きるために、そこに入っていったのです。

地上人の皆さん、その人の罪を誰が蕩減しなければならないのでしょうか。地上で彼の子孫が祈祷してあげなければならないのですが、地上人はその事実を知りません。彼の子孫は理由なく財物が流れ、次々と事件ばかり起きるので、滅びるしかありません。このような事例は、一つや二つではありません。

皆さん、肉体を持っているときに自らの罪の名札を外し、それからこちらに来るようにしてほしいと切に願います。地上で犯した罪は、地上で解決してから来てください。地上でメシヤに侍《はべ》って生きながらも、メシヤの生涯と関係なく生きれば、ここ上流層とは縁のない者となってしまいます。

どんな実例を挙げたら、皆さんが目覚めることができるのでしょうか。真の父母様が私に「霊界の実相を詳しく明らかにしなさい」と語られるのは、皆さんを生かしたいからです。地上で罪を清算してから来るようにお願いします。

皆さんは統一霊界圏の上流層である天国と地獄のうち、どちらを選択しますか。「どのように生きたいのか」、「いかに生きるべきか」、「どうやってここに来るべきか」を考えてみてください。

（一九九九年十二月二十四日）

三　統一霊界圏の中流層

人類が本然の世界で、森羅万象の祝福の中で、神様の前に喜びと美を返しながら永遠に生きていくことが神様の創造目的でした。ところが人類歴史の出発が誤ったがゆえに、統一霊界圏にも恨めしい階層が生まれたのです。

ここで話す統一霊界圏の中流層は、一般人のそれと似ています。ここは外見上、地上人の生活と似ています。衣食住の解決が容易でなく、個々人の努力の対価によって生きるしかなく、神様と会うことも容易でありません。被造物の姿も、地上の植物や動物や鉱物の姿と大きくは違いません。そのため突然死んだ人は、ここで生活すると、自らの死を認めることができないことがあります。

では、一般的な私たち食口《シック》が死んで、すぐに行くべき所はどこでしょうか。特別なケースでなければ、彼らの大部分は出迎えに来た自分たちの先祖と一緒にしばらく生きるようになります。しかし、時間が過ぎれば統一霊界圏に移るようになります。地上で困難な生を送っている途中で霊界に来た人は、統一霊界圏に行くことができず、先祖と一緒にその場にとどまって生きる場合もあります。しかし、そうなると地上の子孫の生がその蕩減《とうげん》ゆえに困難になります。とても言葉では表現しがたいのです。

中流層という階層を皆さんに説明するために、私が直接分析したデータがあります。その中流層に、私たち食口がどのくらい暮らしているでしょうか。地上では私たち食口の数があまり多くありませんでしたが、ここにはどれくらい食口がいるでしょうか。皆さんは、その数字があまり多くないと考えるはずです。しかし、そうではありません。私たちのみ旨と関連した者、自分が知らず知らず入会願書を出した者、知らず知らず去っていった者など、いろいろな種類がありす。そして彼らに特恵も少なくありません。ところが、ここで実に神秘的な事実は、一般人の中流層と違う点です。

それは、彼らに神様の大きな配慮があるということです。時々刻々と神様が彼らを訪ねていって愛を施されます。神様の愛はどのように表現されるのでしょうか。ここには多くの教育とセミナーがあって、個別指導も相談も祈祷会もあります。

いろいろなグループを指導するたびに、一般霊界の中流層では見られない分離の役事《やくじ》が起きます。それは神様がすべての人々に神霊の恵みを特別に与え、地上での生を自覚し自ら罪を悔い改められるようになさることによって、神様と真の父母様の前に出ていける恩恵の道を下さるということです。これが統一霊界圏の中流層と、一般霊界の中流層との莫大《ばくだい》な違いです。自分自ら感動し悔い改めることによって神様の前に行ける道は、一般霊界の中流層では想像もできません。

統一霊界圏では、神様が下さる光彩の中で自らの誤りを悟って一定期間が過ぎると、神様の指示によって自分も知らないうちに上流層に移っていく場合もあります。これは、途方もない特恵です。これは一般霊界の中流層では極めてまれなことです。しかし、統一霊界圏では可能です。

明らかな事実は、地上の生と霊界人のアンテナが徹底して合わなければならないという点です。それはどういう意味かというと、簡単に話せば、霊界に行った自分の先祖の地上の生に対する清算と整理を、子孫が代わりに担い、すべての罪の蕩減《とうげん》をしなければならないということです。もしも先祖に金銭整理の過ちがあれば、その代わりにその子孫が返してあげなければならないし、他人に深刻な損傷を与えたとすれば、その子孫がそれを蕩減してあげなければなりません。このように先祖と子孫、霊界人と地上人のアンテナがよく合わなければならないのです。そうしてこそ、初めて神様の特恵が認められるのです。ところが、これは容易ではありません。

したがって、霊界人の地上の生を整理してあげるのは、子孫である地上人の責任であり、またそれは子孫としても福を受ける道です。先祖が困難な所にいれば、子孫はその蕩減を受けなければなりません。神様が立てた法は、天理原則です。「罪を犯せば罰を受ける」、「良いことをして人のために生きれば福を受ける」という話を私たちはよく耳にしますが、それは天理原則です。

自分自身が生きてきた姿は、そのまま自分のものです。自分が積んだ功績もそのまま自分のものです。自分だけのためにゆったりと、寝たり、食べたり、着たりしながら暮らしてきたにもかかわらず、この国でそのような人が福を受けて住めるならば、神様の法は公平とはいえないでしょう。それが因果応報の法則ではないでしょうか。それ以外の言葉で表現する必要があるでしょうか。

私たちの地上生活のために、何度も何度も口がすっぱくなるほどに霊界の実情を教えてくださる私たちの真の父母様、早くからこの霊界の実情を体験され、私たちに数え切れないほど語ってくださったのに、私たちはその言《ことば》の深い意味を悟ることができませんでした。不孝者の李相軒《イサンホン》は、罪人の中の罪人です。霊界に来て、この現実と実情を見て感じて、やっと分かるようになりました。相軒が真の父母様の前に犯した罪は、到底言葉では表し切れません。

地上人よ！　皆さん！　自らの苦労は自らの福として結実するがゆえに、長くない地上生活に未練を残さず、永遠の世界のために生きてください。中間霊界で生きている私たち食口《シック》の姿を、一つ一つ詳細に説明したいのはやまやまですが、いつか再会すべき私たちであることを思えば、どうしてそんな話ができるでしょうか。しかしここには、いろいろな神様の特恵があって、真の父母様に会う望みもあり、いつかは彼ら全員が上流層へ行く可能性を秘めています。

一つの事例を挙げてみましょう。ある家庭が地上で互いに淫乱の過ちを犯しました。地上ではお互いに隠して生きてきましたが、この国に来て互いの罪が分かり、夫婦であっても別々に暮らしていました。ところが折り悪く彼らの子女が昇華（聖和《ソンファ》）して、こちらに来るようになりました。皆さん、その子女は誰と暮らすでしょうか。その子女は孤児の身になって、父親とも母親とも一緒に暮らさずに独りで生きています。そんな姿を見つめる父母の心境はどうでしょうか。これよりもっと胸の痛い事情がたくさんあり、真の父母様がその罪目をすべて明らかにせよと命令なさいましたが、それだけは相軒にはできません。地上生活で公金に誤って手をつけて、この国でこじきの姿で生きる先祖がいた場合、彼の子孫はどうなるでしょうか。彼の子孫は、常に莫大《ばくだい》な借金に追われることになります。

このような罪の清算は、誰がしてくれるのでもありません。蕩減《とうげん》の期間が終わる時まで、このような現実を見ながら待たなければならない、神様と真の父母様のことを考えてみてほしいのです。

真の父母様は、天上天下《てんげ》の真の父母様であり、メシヤであるため、地上に関することだけでなく、霊界へ来られてもこの現実を見て整理なさるのです。その時、皆さんはどんな心境でしょうか。

李相軒《イサンホン》は草創期にお父様の「原理」を知り、ひざまずき、ひれ伏しながら決死の覚悟をしたことがあります。それは、私自身との約束であり誓いであり、私自身との闘いでした。しかし今の心情は、その時以上の痛みとなって相軒に近づいてきます。皆さんは私のこの現実を理解し、受け入れることができるでしょうか。

ああ！　私の神様、ああ！　私の真の父母様、メシヤ、救世主よ、相軒はどうしたらよいのでしょうか。この胸痛い現実をどうしたらよいのでしょうか。真の父母様、メシヤとして来られた私のお父様、この険しい道をいつ清算し、この渓谷の林をどのように進んでいくのでしょうか。

お父様、真の父母様、相軒に何をもっと明らかにせよと言われるのでしょうか。この現実を食口《シック》たちにすべて公開することを願われるのでしょうか。これ以上は胸が痛くて耐えられません。年若い興進《フンジン》様がこの国に来られ、ただの一日も気を休めることができず、泣いて泣いて、また泣いて、「お父様、お父様、私をここに総司令官として送るのはあまりに過酷です」とむせび泣く興進様の事情に、お父様は目をつぶられるのでしょうか。

お父様、ここの現実をあまりにもよく御存じの上で、子女様を直接送って整理なさろうとされたのでしょうか。お父様、興進様を慰労してください。まだ幼いです。痛々しいです。そして榮進様《ヨンヂン》まで、その事実を目の当たりにするというこの現実は、実に胸が痛いです。

地上人の皆さん！　私たち自らの生は私たち自身が責任を取り、これからは神様と真の父母様の心の痛みを取り除いてさしあげましょう。李相軒が送ったメッセージの内容は決してうそではありません。熱心に読んで正しい生へと、正しい道へと開拓していきましょう。


（一九九九年十二月二十六日）

四　統一霊界圏の下流層

神様の復帰摂理の中で最も重い荷物は何でしょうか。愛する子女が天理原則から外れたとき、神様はどうすることもできない心情と痛みを覚えられます。ここ下流層の現実がまさにその現状です。

誰の言葉か思い出せませんが、「地獄には神様はいない」と言います。天国に神様がいらっしゃって、地獄に神様がいらっしゃらないならば、神様は人類の創造主ではありません。金持ちの息子は訪ねて、貧乏で食べる物もない息子は見て見ぬふりをするという親がいるでしょうか。

貧しい息子の痛みは、父母の胸中に深くしみるものです。それならば私たち人間の創造主、神様の心情はどうでしょうか。考えてみてください。どうすればその子女を救済できるかを考えながら、神様は食べることも寝ることも忘れて、戦々恐々としていらっしゃるはずです。全天宙が崩れるほどの骨髄の痛みを直接的に体恤《たいじゅつ》していらっしゃる方が、まさに創造主、神様です。このような事実を私たちは常に忘れてはなりません。

好き勝手に考え、好き勝手に行動し、好き勝手に食べたり飲んだりして遊び回る自由は、神様が下さったものではありません。神様は、人間がために生き、慰め合い、助け合い、分かち合い、自分を捨てて相手を思いやりながら生きるように創造されました。そのために人間に自由が賦与されたのです。

しかしここ下流層は、神様の摂理と逆行した者たちが生きている所です。神様も知り、復帰摂理も知り、原理の根本も知り、真の父母も知り、霊界があるという事実もすべて習って知ったにもかかわらず、ここにとどまっています。

知らないことも罪になるのに、すべてを知っていながらもここに来て、罪の鎖の捕虜になるとは、いったいどうしろというのでしょうか。この凄絶な姿を李相軒《イサンホン》は明らかにします。胸が痛いのですが明らかにします。たとえ誰かに石をぶつけられようとも、私はその凄絶な真相を明らかにしましょう。理由は一つです。神様と真の父母様が不憫《ふびん》でならないからです。私は誓います。私の名は李相軒です。自らの名によって祈祷できるという、とてつもない時を迎えたがゆえに、李相軒も自らの名において誓います。下流層の姿を公開します。地上人の皆さん！　見るがよい。聞くがよい。罪の中で最も大きな罪が原罪であり、それが堕落の根本であるとあんなにも講義したのに、なぜ守れなかったのですか。

堕落論に関連した者の光景を公開します。例えば、彼らにおいて男女の性器が完全に露出しており、行為自体が赤裸々に露骨化されるため、多くの人々にその行為を見られるしかありません。特に男女問題に関わって、獣のように生きた者の性器からは、血の混じったうみが出ており、擦り切れて出来物（褥瘡《じょくそう》）が生じ、痛くてうめき苦しむ姿を目撃できます。

そして妻子のある男性と過ちを犯した女性は、彼女の子供たちの前にその行為があらわになっているため、隠れようとして木の陰に逃げますが、その子供たちは「呪ってやるぞ」とわめいています。

公金に手をつけた者の姿はどうでしょうか。その公金が斧《おの》となり、お金が一つの武器となって、彼の行く先々に容赦なくずっと飛んできます。彼は常にお金の洗礼、斧の洗礼を受け、それを避けながら血だらけになって生きています。

人をねたみ嫉妬した者は、こちらであらゆる苦境に置かれています。その人の全身は、くもの巣のように粘りついた液体に巻かれて動けません。その姿は、とても文では描写できません。様々な実情を明らかにしたので、この際もう一つ明らかにしましょう。

真の父母様のみ旨を知っていながら、真の父母様に敵対した者の姿はどうでしょうか。彼らの唇は豚の口のように飛び出してはれ上がり、彼らの腹は妊婦のようにぷっくりとはれて割れそうです。それだけではありません。み旨に従ってきながらも、また、「原理」に感動してこの道を行くと誓っておきながらも、この世の道を進んだ者は、塩の柱のように両足が固まって少しも動くことができずにいます。

今私は、一般的な人がとどまっている下流層でなく、統一霊界圏の下流層の姿を明らかにしています。そして地上で物質に目のくらんだ者は本当にかわいそうです。その人は何かをずっと食べて食べて食べ続けて腹が破裂して、はらわたがはみ出しているにもかかわらず、それでも食べ続けています。その人は物乞いや、人の物を盗んで食べる泥棒のような姿で生活していて、はらわたを抱えたままで何かを食べ続けています。

同じ罪目ですが、その姿は多様です。ここでは、いくつかの事例を示したにすぎません。私は李相軒《イサンホン》です。地上で内科医として過ごした経験も持っています。今は地上人ではなく、霊界人です。霊界に先に来た者として、明らかにしたくない事実をいくつか例示したのは、皆さんが地上で罪を犯さずにこちらに来ることを、切に願う気持ちからです。これらの事実を永遠の秘密として隠しておきたいのですが、地上人がこのような霊界の事実を聞いて覚醒するように、いくつかの事例を示しました。それが先に来た者としての責任だと感じるからです。これから皆さんは、神様と真の父母様の前に、そして興進《フンヂン》様と榮進《ヨンヂン》様の前に、このような姿を絶対に見せないことを約束しましょう。

興進様は、こういう霊界の現実を榮進様に見せず、隠すことを望まれました。しかし、どうして隠し切れるでしょうか。皆さんは二人の子女様の前に、これ以上の痛みを見せてはなりません。皆さんが、こういう霊界の実情を詳細に聞いて、地上生活で罪をきれいに清算し、ここ下流層には絶対に来ないことを願います。真の父母様の教えに対して、絶対従順、絶対服従の信仰を持ち、知らず知らずのうちに犯した罪を地上できれいに蕩減《とうげん》して来てください。

地上では罪の蕩減方法、すなわち解決策がありますが、天上には蕩減法がないという事実を何度も明らかにしました。皆さんがここで罪の名札をつけないで、神様のいらっしゃる幸福なみ座に直行されることを切に願います。

（一九九九年十二月二十七日）

第三部　天上の秘密

第一章　天使世界

一　本然の天使世界

私たち人間は、天使といえば、美しくて善良でかわいらしい姿を連想しますが、このような天使の役目とは何でしょうか。それは神様の指示を人間に伝達したり、困難なときに人間を助けたりすることにあります。簡単に言えば、天使は、人間のために神様の使いとして創造されたのです。それは、神様の創造目的が人間を愛することにあるからです。では、この天使の体はどのようになっているのでしょうか。

皆さんは、天使が肉身を持っているかどうか、気掛かりでしょう。神様は、天使を肉身を持った姿ではなく、ただ霊人体だけを持った姿に創造されました。それなら肉身を持たないこの天使は、肉身を持った人間の前に、どうやって現れ、連絡を取ることができるのか、という疑問が生じます。私たち人間は、地上生活を営むとき、肉身を持って生活します。しかし、永遠の世界に向かうときには、人間は誰しも例外なく肉身を脱いで、霊人体の姿で霊界へ行くようになります。そして、それらの霊人体は、常に地上にいる子孫の前に現れることができ、協助することができるのです。

天使は、たとえ霊人体だけの姿であったとしても、神様の使いとして、人間のためにいくらでも活動できるのです。そして、天使の活動範囲は、大変広範囲です。

次に、彼らの活動に関する具体的な説明をすることにします。まず、天使の姿は男性か女性かという疑問が生じるはずです。

前に言及したように、天使は神様の使いとして創造されました。したがって天使は、どんなに困難なことを任されたとしても、それを必ず成し遂げなければならず、処理できなければならないので男性に創造されました。ところが私たちは、一般的に天使を考えるとき、男性の姿ではなく、非常にきれいで美しい女性の姿を連想しがちです。では、どうして神様は天使を男性の姿に創造なさったのでしょうか。

この点について簡単に説明をしましょう。霊界は、時間と空間を超越した世界です。それゆえ、誰もが例外なく、考えたとおり、心で決めたとおりにすべてを現すことができ、それをまた消すことができます。したがって、男性の姿に造られた天使ではありますが、人間のために、美しい女性のような姿で現れることもあります。特に、天使が人間に協助したり連絡を取ったりするとき、状況によって多様な姿で現れます。天使は、できるならば最高に美しい姿と多彩な色で人間を魅惑するというのが本来の役目です。したがって、天使の姿は男性として造られたのですが、人間の前に現れるとき、人間にはただ女性のような姿として見えるのです。しかし、決して女性ではありません。今まで天使が美しいと知られていたのは、神様から送られた使者としての意義があったからです。

（二〇〇〇年九月十日）

天使世界の組織

天使世界は、私たち人間にあまりよく知られていませんが、その組織と体系たるや、私たちの想像を超えて、はるかに細分化されています。それは、天使たちが神様の考えと摂理をわきまえて、神様の命令に一〇〇パーセント従順に従っているためです。その実例をいくつか挙げてみましょう。

地上生活では四季の変化がはっきりしています。冬が過ぎれば、春の季節が欠くことも変更することもなく訪れてきます。私たち人間が、いくら冬が寒くて嫌いだとしても、冬は退くでしょうか。自然の摂理は、神様の創造以降、天道に従いながら数千年、数万年が過ぎても、その本分を全うしています。「夏よ、お前は何をしているのだ！　秋よ、お前はなぜ、まだ便りをしないのだ」と、神様が叱るということもありません。地上生活の四季は、神様が創造された時のその法度に従順に従っているのです。

　このように、神様が天使世界を創造されて以来、天使は神様の法度に従いながら、どんなにへんぴな所、困難な立場であっても、組織的に従順に従い、自らの本分を全うしてきています。人間の堕落以降、人間社会は様々な姿に変質し汚染されてしまいましたが、人間のために創造された天使世界の組織は、あたかも四季の運行のように、そのまま持続してきたのです。私たち人間の想像を絶するほど困難なことが天使に降りかかってきても、神様の摂理の方向に沿いながら、天使世界は一様に法度に従って動いているのです。天使世界の組織と体系は、あたかも、ある工場の機械設備において、一つの電源スイッチさえ押せば、すべての機械が一瞬にして作動するのと似ています。

　人間は、神様の命令があってこそ動き、何かを悟って活動します。しかし、本然の人間の姿は、神様の命令がなくても、神様の活動に沿ってその心情を察し、神様の心がどこで何を必要としていらっしゃるのかを悟るようになっています。これが神様のために生きる本然の子女の姿なのです。現実的な人間は変質し、神様の心情と摂理を察することができないとしても、人間のために生きる天使たちの姿は、神様が創造なさった根本法度から少しも外れることはありません。

　天使たちの組織と体系と活動は、唯一、神様の心情のスイッチと直結しているため、神様の心情の変化に応じて、その組織体系に一挙に伝えられます。このような天使世界の組織と体系を思うとき、神様が人間をどれほど愛していらっしゃるか、ということを感じるべきでしょう。神様が子女たる人間を愛する思いは、何ものにも比べられません。ひたすら子女を思う一念で、日の当たらぬ奥まった所にまで、御自身のぬくもりが、天使たちを通して及ぶことを望んでいらっしゃいます。これが、神様が天使世界を創造された本来の意義です。

（二〇〇〇年九月十一日）

天使世界の姿

天使世界を創造された時、神様は天使の一人一人に使命を賦与したのではなく、天使の組織とグループ別に、異なる使命を与えられたのです。天使たちは様々な次元の組織で細分化されており、このような組織のもとに、様々な次元のグループが編成されています。そのため、天使たちは様々な姿で多様に現れることができます。天使たちは、人間の慶事を祝う場合、メッセージと使命を伝達する場合、預言を伝達する場合などによって、その姿を異にして現すのです。そして、天使たちの固有で独特な使命に応じて、彼らの姿は多様に変化します。

天使の使命と天使の呼称は変化しないにしても、彼らの衣装は、活動範囲に応じて完全に変わることもあります。それはあたかも、地上生活で人間が様々な儀式に参加するごとに、その衣装を異にするのと似ています。ある人が葬式に行く場合、五色のしまの入ったチョゴリを着ていく人はいないではないですか。しかし天使の衣装は、限られた空間に生きている人間のそれとは異なるのです。天使は、地上人のように服を買いに行ったり、注文服を作るために時間を要したりすることもなく、時空を超越して服を着なければならないのです。そして、天使の服は時と場所によって変わるのです。

ところが天使たちの衣装は、誰かの命令にでも従ったかのように、一瞬にして美しく華麗な身なりに変化します。天使たちがある集いに出掛けるときには、彼らの動きによって、その衣装の模様と色合いが異なって現れます。そして、彼らが動くときには、美しい光彩がきらびやかに現れます。しかし、ほとんどの地上人はこのような天使たちの姿を見ることができません。

このような天使たちの姿を幻想で見たという人は無数にいるでしょう。しかし、それは霊界の霊人たちから見た姿とは全く別物です。特に地上人は、天使の衣装の華麗な色合いと光彩を見ることができません。天使の美しい姿は、地上で肉眼で見る場合と、霊界で霊眼で見る場合とでは、全く比較にならないのです。

天使たちのこのような美しい姿は、子女を愛する神様の心が形状的に似て現れたものです。神様は、御自身の子女にある内容を伝えるために天使を送るとき、御自身の子女を喜ばせ、愛で包んでやり、平和と幸福の心を伝えたいがゆえに、天使の姿をそのように美しく華麗にしたのです。私たち人間が考えるとき、「男性が華麗な衣装を着てみたところで、そんなに美しいだろうか」と思うかもしれませんが、地上で踊る男性のダンサーの身なりを想像してみましょう。どうしてそれと比較することができるでしょうか。そのような天使の姿を地上人が幻想的に見るとき、ただ美しい女性の姿のように見えるだけなのです。

このように天使たちの姿は、時々刻々と変化し、彼らの活動範囲に応じて、色とりどりに現れます。地上人が自分の肉眼で見た天使たちの姿も非常に美しいことでしょう。しかし、彼らの実際の姿はもっと美しいのです。状況に応じて、時には厳かな容姿で、時には清らかで美しい女性のような容姿で、多種多様に現れる彼らの実際の姿は、申し分ないほど美しいのです。しかし、ここで明らかなことは、天使たちがどんな姿をしていても、常に神のアンテナに合わせて動くという事実です。

私たち人間は、私たちのために天使世界を造ってくださった天の父母に、深く感謝しなければなりません。

（二〇〇〇年九月十二日）

天使の活動場所

天使世界の姿は、既に明らかにしたとおりです。人間のとどまっている所と天使のとどまっている所がいかに違うかについて、皆さんは気に掛かることでしょう。

神様は人間を創造する前に、人間にとって必要で、楽しく、平和で、喜ばしい、すべての環境を整えておき、神様が人間に、あるいは人間が神様に直接伝達することができない場合に備えて、天使世界を創造なさいました。神様は天使を遠い所に置いて、必要とするときだけ彼らを呼ぶのでなく、常に人間に最も近い所に彼らを置いていらっしゃいます。それは、神様が常に子女を保護するためです。したがって、天使のとどまっている場所は、そのグループによって異なります。天使に任された使命がグループごとに異なるために、彼らのとどまる所もそれぞれに定まっています。天使たちはそれぞれの固有な場所に、常にとどまっているのです。

私たち人間は、一人で家にとどまることもでき、職場に行ってとどまることもでき、休暇のシーズンに海や山に行ってとどまることもでき、どこかに出掛けてそこで何日かとどまることもできます。このような場合、人間が行ってとどまっている先々には天使たちがいるのです。私たちが動く随所、とどまっている先々で、天使たちが常に神様の指示を受け、自らの使命に沿って活動しているのです。私たち人間は、自分の活動する随所に、神様のみ手が常に共にあるという事実を悟るべきでしょう。

このように私たち人間は、常に天使の保護圏内にあるのですが、その恩恵にあずかれない場合があります。天使が神様の命を受けて人間を保護しようと、いくら努力しても、彼らの力が及ばなくなるのは、サタンと先祖の勢力によって、天使たちが干渉することができないからです。そして、神様の特別な使命を授かった人にも、神様の許しがなく、天使たちの影響力は及ばないのです。それは神様が彼に苦難を与えて、彼らを鋼のように硬くするためです。

ここにおいて私たち人間は、地上のどこにとどまろうと、常に神様の保護下にあるという新しい事実を知らなければなりません。私たちがどんなに難しい環境に置かれても、肉身を持った者としての新たな責任意識を感じなければなりません。私たちは、このことを常に心に刻むべきでしょう。


（二〇〇〇年九月十三日）

天使の活動範囲

神様は、人間が活動する至る所に、御自身の愛のみ手を下すことができるように天使世界を創造し、その活動領域を準備されました。そうして、人間に神様を知らしめ、神様の愛を実感させることを通して、神様と人間の親子関係が永遠につながることを願われたのです。天使の活動は、地上の至る所に及びます。ここでは神様の指示が直接及ぶ所か、間接的に及ぶ所かによって、神様の愛の表現も大きく現れたり、小さく現れたりするのです。しかし、表面的に現れるそれらの様相が異なったとしても、それらはすべて神様の愛です。

地上生活をするとき、海辺で泳いでいた人が突然おぼれて死ぬという事故が起きることは少なくありません。この場合、天使たちはどのように活動するのでしょうか。もちろん天使たちは、神様の子女たちを事故現場から救出しようと、力の限りを尽くすことでしょう。しかし、ここで私たちがはっきりと知るべきことがあります。それは、神側で神様のために活動する天使たちと、人間をサタン世界に奪っていこうとするサタン側の堕天使と悪霊たちがいる、ということです。そこにおいて、その人のすべての環境と条件が、どちら側にあるかが問題になるのです。それをめぐって、サタンと天使の熾烈《しれつ》な戦いが何度も繰り広げられる、ということを知らなければなりません。

この時、天使の力がサタンの力に及ばず、サタンに敗れるということはありません。サタンと悪霊が、その人と天使に対して様々な条件を提示するとき、天使が助けられない環境に置かれていたり、その人自身の召命がサタン圏に置かれていたりすれば、天使の影響力が及ばないのです。

このように、私たちの目に見えない数多くの戦争が、人類歴史の初めから起きたのです。

天使世界には、神様によって創造された天使たちの本然の目的とは異なる、様々な次元の戦争があったのです。これが神様の心をより一層痛めたという事実を、私たちは忘れてはなりません。そして、私たち人間には、数多くの天使の保護下で成長できる環境が、もともと与えられているということを自覚しなければなりません。皆さんがそのような環境を中心として、自らの生を営むことを願います。

（二〇〇〇年九月十四日）

霊人と天使の関係

霊界には数多くの霊人たちがいますが、このような霊人と天使は、どのように互いに交流しているのか、その関係について説明しようと思います。地上で肉身を持った人が地上生活を終えて霊界に来るようになると、誰もが例外なく、それぞれの場所に行って、決まった場所で暮らすようになります。このような霊人たちは、それぞれの位置と場所によって姿も異なります。

上流層の霊人たちの姿と、低級な下流層の霊人たちの姿には、相当な違いがあります。それは地上生活において、同一の人間であるとしても、上流層の貴族と下流層のこじきとでは、その姿と身なりに違いがあるのと似ています。霊界に来た霊人たちの姿は、地上における自らの人生の結果に応じて、その定着地が決まるのです。これが天道です。したがって、各場所でとどまる霊人たちの姿と天使たちの関係も、様々な形で現れます。

例えば、上流層にとどまっている霊人たちは、概して神様の愛の中で暮らしているため、彼らには神様の特別な指示事項を伝達する天使たちが共にあります。そこでの天使は、神様の指示事項を伝達しながら、自らの姿を最高の傑作品として現し、できる限り完璧な姿を現しながら、霊人たちと関係を結んでいます。では上流層の霊人たちは、なぜ神様の直接的な指示を受けないで、天使の指示を受けなければならないのだろうか、という疑問が生じることでしょう。それは当然な疑問です。

地上生活では、最高の席上で目上の人から直接指示されることがあるように、霊人たちの世界においても同様です。上流層の霊人たちは、神様から直接指示を仰ぐこともあり、天使を通して指示を受けることもあります。しかし、そのような位置で天使が伝達する場合は、神様の直接的な指示事項なので、霊人たちは少しの疑いもなくその内容を受け入れるのです。神様がきらびやかな光彩の中で現れるように、このような天使の姿も大変恍惚《こうこつ》とする姿で現れるため、伝達される霊人たちは、少しも物足りなく思うことはありません。

では、下流層にとどまっている霊人たちに現れる天使たちは何をするのでしょうか。上流層においても下流層においても、神様が人間のために創造した天使たちの使命は同じです。しかし、上流層の天使たちよりも下流層の天使たちのほうが苦労が多く、身なりにしても、上流層の天使たちほどにはきらびやかな光彩を発揮できません。これは、地上生活に似ていると考えれば理解できるでしょう。

私たちが地上生活で伝道に出掛けたとき、善良な心を持ち、豊かな人々を訪ねて、彼らがみ言をよく受け入れ、み言に酔ってすっかり雰囲気が良くなれば、私たちの心も体もうれしくなって、私たちの姿も明るい姿に変わることでしょう。しかし、行いも悪く貧しい人々を訪ねて、対話もできずに疲れ果ててしまえば、私たちの心は憂鬱になって、姿も暗い姿に変わるはずです。このように索漠とした陰気な雰囲気の中で、時には耐えることのできない悪臭の漂う下流層の霊人たちの環境の中で、どうして天使たちが恍惚《こうこつ》とした姿を現すことができるでしょうか。

それゆえ、同じ天使であっても、それぞれの活動する場に応じて、彼らの姿は多様な形で現れるのです。したがって、霊人と天使の関係は主体と対象の関係です。それゆえに、天使たちは地上の後孫を訪ねて協助するのです。そして天使たちは、霊界でも霊人を訪ねて協助するのです。地上においても天上においても、天使が人間を協助する原理は同じです。

結論的に言えば、神様が天使を創造された根本目的は、地上においても天上においても人間を助け、愛することにあるのです。それが神様の終始一貫した愛です。私たち人間は、地上でも天上でも私たちを保護して愛してくださる神様に、深く感謝しなければなりません。私たちはすべて、神様と共に生きることを願われる神様の真なる愛の前に深く感謝しながら、私たちの人格を完成し、家庭を完成して、神様の子女としての位置を確立すべきでしょう。

（二〇〇〇年十月二日）

天使たちの数

人間を創造し、愛してくださる神様の心を、私たち人間が量り知ることは難しいでしょう。親は何をしていても、常に子供のことが気に掛かるように、神様は、要所要所に子女を保護するために数多くの天使たちを配置されたのです。例えば、私たち人間は地上生活を通して、海辺で遊んだり、泳いだり、砂浜で寝そべったりしながら、いろいろなゲームをしたりします。そのような場所ごとに、私たち人間の目には見えませんが、天使たちが配置されているのです。天使たちは、人間が動くたびに共に動いているのです。あたかも偉い人が通り過ぎるときにカーペットが敷かれるように、天使たちは常に、人間の行く手をあらかじめ保護して、神様に人間の一挙手一投足を報告しているのです。しかし人間は、この事実をほとんど感知できずにいます。

では、このような天使の保護圏の中に生きている人間たちが、溺死などの様々な事故で死にそうなとき、天使たちはどうするのでしょうか。数多くの天使たちは人間のために、人間と共に生きていますが、人間が天道に背けば、彼らの動きは一瞬にして変わることもあります。あたかも電気に（触れて）感電する瞬間、誰もそれを助けることができないように、人間が天道から逸脱すれば、天使の保護圏からたちまち分離してしまうのです。それゆえ、人間の人生の基準によって、例えば自らの考え、心掛け、普段の生活態度や、自分によって他人が立てた功績、そして神様の願う基準によって、天使たちが人間を保護する姿が変わってくるのです。私たち人間に配置された天使の数は、地球上の人口よりも、もっと多いのです。しかし、このような天使たちは、常に自らの位置を守りながら、神様の指示を受けながら生活するのです。

ところで神様は、人間を創造する時、人間が成長する過程だけでなく、成長したのちにも、いつでもどこでも天使たちが常に保護することができる環境を準備されたのです。このような天使たちは、常に私たち人間の考えによって動くのではなく、神様の方向と指示に従って動きが変わるので、私たち人間は、彼らの動きを判断しがたいのです。それゆえ、私たちの人生の方向と目的と基準が、天使たちが保護しうる領域にさえ入ることができれば、神様のいらっしゃる所に直行していけるのです。私たち人間は、神様の子女としてつくられた幸福にもまた、限りなく感謝していかなければなりません。

（二〇〇〇年十月五日）

二　ルーシェルが堕落したのちの天使世界

神様は天使を創造する時、本然の天使が堕落することを予想しながら、別の天使を創造することはなさいませんでした。ルーシェルは本来、人間の前に天使長としてつくられたのですが、自らの位置を離脱し、神様の立場に立って、神様のふりをしながら生活しました。このような過程でルーシェルは、あらゆる手段と方法を総動員し、他の天使たちを自分の味方にしようとしました。そのたびに神様は、様々な次元からルーシェルに言い聞かせました。しかし、ルーシェルは神様の仰せを軽視し、神様の目を避けながら、自らのアジトをつくり始めました。その事実を神様が知らないはずがあるでしょうか！　神様は子女を愛するがゆえに、すべての天使を結集し始められました。

ところで、なぜ神様と常にアンテナを共にし、天使たちに保護されているエバが、ルーシェルの誘惑に陥り、非原理的な行動を取り、非原理的な立場に落ちてしまったのでしょうか。ここでそれをはっきりとさせましょう。地上においても霊界においても、そして堕落前においても堕落後においても、神様の創造本然のみ旨は変わりなく、人間に対する神様の愛にも変わりがありません。

しかし、その時人間はまだ成長過程にあり、責任分担を全うしえず、天使たちも神様と同じような立場に立って見つめることができなかったため、自らの位置が神様のように高まるというルーシェルの誘惑に、天使たちは耳を傾けるしかありませんでした。人間はもちろん、天使たちにも創造目的を実現しようという欲望があるため、天使たちもルーシェルに誘惑される可能性があるのです。こうして一部の天使たちは、神側に立つことができず、ルーシェルの誘惑と命令に従うようになったのです。言い換えれば、神様の創造した数多くの天使たちが、二つの派に分かれるようになったのです。このようにして、ルーシェルの役事《やくじ》が始まる随所に、数多くのルーシェルの残党がついて回りながら、人間を誘惑して害し、神様の反対側に立って争える勢力を形成するまでに至ったのです。では神様は、どうしてルーシェルに従う天使たちをそのままにしておかれたのでしょうか。彼らを呼んでどなりつけ、ルーシェルに従わないようにできなかったのでしょうか。それは、皆さんが御存じのように、人間自身の責任分担によって人間が成長し、創造目的を完成させるためです。天使も人間が主管すべき対象であり、人間が人間の責任分担によって治めるべき対象なので、神様はルーシェルに従う天使たちに干渉できなかったのです。

こうして神様は、エデンの園で愛する子女を奪われてしまいました。神様は愛によって治めなければならないがゆえに、愛と原理の基準にのっとって命令されるしかなかったのです。そうでなければ神様は、未完成期において責任分担を全うしていない子女たるアダムとエバを失うことになってしまうため、ルーシェルに追従する天使たちに直接命令できる立場に立つことができなかったのです。「統一原理」で明らかにしているように、神様は非原理圏に落ちたルーシェルに、直接干渉できなかったのです。このような中でルーシェルは、自らの世界を宣伝することに総力を傾けました。神様は願わなかったのですが、天使の世界が二つに分裂してしまいました。ルーシェル側の天使世界と、神側の天使世界がそれです。こうして天使世界に、神側の善なる天使世界と、サタン側の悪なる天使世界が生じたのです。

（二〇〇〇年十月五日）

悪なる天使世界

神様が創造した天使たちのうちで、ルーシェルと共にある悪なる天使たちは、神様から受けるべき神の愛など、様々な次元の生命的要素がほとんど断絶し、ルーシェルから悪なる要素、例えば、ねたみ、嫉妬、驕慢《きょうまん》、貪欲などの要素を受けて生活するようになったのです。こうしてルーシェルを中心とした天使たちは、サタン的な要素を持った姿に変わり、神様が創造した本然の美しい姿をほとんど失ってしまったのです。言い換えれば、天使としての本然の美しい姿や、まばゆく輝くきらびやかな光彩を、ほとんど失ってしまったのです。彼らの姿は、あたかも闇のベールに包まれ、混沌《こんとん》としていました。

そして、ルーシェルは常に自らの立場から離脱して、神様の位置で行動しながらも、いつ、どのように自らの正体がばれるかと恐れながら、不安と焦燥の中で生活しました。ルーシェルの姿がこのようであったため、ルーシェルに従う天使とその他もろもろの存在は、ルーシェルと同様に、常に不安と恐怖と焦燥の中で生活するようになったのです。そうしてルーシェルの徒党は、神様を中心とした人間が、いつか自分たちを掃滅する作戦を始めることを恐れたのです。それにもかかわらずルーシェルは、自分たちの数的な確保がなされれば、神様もどうにもできないはずだと、いたずらな考えを抱いていました。そういう中で彼らは、人類を暗闇の中に追いやり、神様を欺いて人類を苦しめてきたのです。

このような遺憾なる事情が、今や新たなる千年の新歴史が開幕し、すっかり明るみに出るようになりました。神様は、人類のために創造した天使さえもルーシェルに渡しながら、耐え忍んでこられました。しかし、今や真の父母様の出現によって、このような神様の悲しき歴史的事情が明るみに出るようになりました。今や、ルーシェルの屈伏と同時に、最後に悪なる天使世界を本然の姿に復帰すべき責任を、私たち人間は感じなければなりません。サタン的な姿から本然の天使の姿へと復帰し、地も天もすべて神様の所有に返されるべきです。この地のどれ一つを取ってみても、神様の創造のみ手が及ばなかったものはありません。全人類と、全世界と、全地の天地万物は、すべて神様のものです。今や、このような大宇宙の中で、神様の創造性を賦与された全存在が、それぞれ固有で独特な美しい姿を顕現することのできる日が、間もなく到来することでしょう！

その時初めて、人間と万物は、神様と和し、幸福の日々を迎えることができるでしょう。私たちはみな、その日が遠からず必ず到来するという確固たる信念を持って、神様の創造本然の世界を実現するために総力を傾けなければなりません。

（二〇〇〇年十月九日）

悪霊の正体

神様は、人間を創造される時、未成熟期にある人間を愛し、様々な側面から保護し、助けるために天使を創造されました。ところが、このような天使たちの中の一部は、ルーシェルの誘惑に陥って追従し、サタンの姿になってしまいました。彼らはルーシェルと共に人間に苦痛を与え、悪事を引き起こしてきましたが、これがほかでもない、罪悪の歴史です。

ところで、悪霊とは、いったいどんな存在でしょうか。神様が悪霊という被造物をつくったのでしょうか。そうではありません。悪霊とは、神様によってつくられた人間のうち、神様のみ意《こころ》に逆らい、ルーシェルの意に追従して生まれた存在です。人間は、地上生活において神様をあがめて善なる行いをしてから霊界に来れば、決して悪霊と化すことはありません。しかし、地上生活において、到底許されない罪人の姿で生きた者が霊界に来れば、悪人たちがとどまる所へ行くようになります。そこがまさに天上地獄です。

そして彼らは、地獄にとどまるにしても、すべてが悪霊と化すわけではありません。天上地獄にいる人々は、自らの環境や位置にとどまることなく、常にあちこち遊離してさまようことができるため、時々、一カ所に定着していた地獄人が自らの位置を離れることがあります。これがまさに「悪霊」です。では、地獄人は、どのようにして悪霊と化すのでしょうか。

天上においては、善なる天使と悪なる天使が活動しています。悪なる天使は、自分たちの側に抱き込もうとしてしばしば地獄人を訪ねては、たびたび誘惑する場合があります。彼らはある地獄人に、「あなたをここよりもっと良い所に送ってあげよう」と言って欺き、現在の環境に不満を感じるように誘導し続けながら、そこにとどまれないようにその心を揺さぶるのです。そうなれば地獄人は、自分の暮らす所があまりにも苦しくて悲惨なため、その位置からもっと良い環境に移されたいという切実な思いを抱くようになります。

悪なる天使たちは、体の苦痛が激しい地獄人に、その苦痛を治癒してやると誘い込んで、その地獄人の子孫に苦痛を与えるなど、様々な次元から誘惑の手を四方に広げながら、自分たちの勢力確保にあらん限りの力を発揮するのです。彼らは何とかして自分たちの味方になるように力を尽くして地獄人を助けるため、難しい環境にとどまっている地獄人は、誰でも心が傾いて悪なる天使についていくようになっています。

そのようになった地獄人は、サタンの仲間となって、地上の人間を苦しめるようになるのです。地上の人間の中でも、最も彼らが襲撃しやすい存在は、彼らの子孫です。それで彼らは、自分の子孫を訪ねていくのです。そこで悪なる天使たちと共に、地獄で苦しみながら流浪し、さまよう霊人たちと結集し、地上人を苦しめるのです。そうなると、その地上人はひどい病気にかかって病院に行く場合もあり、原因不明の病気で死に至る場合もあります。このとき、肉身を失った霊人は、再び地獄に来てサタンのアジトにとどまるようになるので、悪の勢力はますます増加していくのです。

このような過程を経て、その霊人は苦痛で孤独な立場にとどまるのですが、神様は御自身の子女が懐に帰ってくることを、いちずに待っていらっしゃいます。悪なる天使（サタン）の魅惑によって、非原理的な立場に立つようになった霊人は、すべて悪霊と化すようになります。

ところでこのとき、地上において、サタンと悪霊の正体を見抜き、自らの信仰と知性で彼らの誘惑をはねのけ、打ち勝つことのできる地上人が少なからずいます。皆さんも自己の現実をしっかりと把握し、自らを主管して、サタンや悪霊の誘惑に惑わされないでほしいのです。大抵の信仰者は、サタンと悪霊の誘惑に打ち勝つことができます。サタンと悪霊の正体をうまく判断できない場合は、自分よりも信仰や人格面において優れた人生の先輩に、必ず相談すべきでしょう。とにかく私たち人間は、サタンや悪霊の誘惑に負けることがないよう、特に注意すべきです。

今や、自分の名前で祈るというこの時代に、真の父母様は、すべてを克服できる様々な実相を私たちに教えてくださいました。それゆえ私たちは、成熟した信仰者の姿勢に立ち返り、永遠なるこの国において、神様の願わざる所に落ちないように最善を尽くさなければなりません。このような時代に、私たちは自らの姿勢を、いま一度振り返らなければなりません。ルーシェルとその残党たちの正体が白日のもとにさらされた以上、私たちは何も恐れることはありません。

一方、私たちはこの事実を、地上のすべての人に一日も早く知らせなければなりません。そして、ルーシェルの残党たちがとどまるアジトを、ごうごうと焼き払ってほしいと思います。それは自らの位相を確認する道であり、自らの信仰の安息地を準備する道でもあるのです。そうして、私たちの永遠の父母、神様を迎えることのできる平和な安息地が一日も早く定着するように、総力を傾けることを願います。

質問：天使世界にも繁殖がありますか。

回答：天使世界だけでなく、こちらのどのような被造物も繁殖することはできません。

質問：創造当時の人間の数はごくわずかでしたが、天使の数が数え切れないほど多いならば、そんなに多くの天使はどこにとどまっていたのでしょうか。それ以降、人間の数が幾何級数的に増えましたが、その時また天使を創造されたのでしょうか。

回答：神様は天使を創造する時、多くの群れを創造されましたが、人間を保護するための天使は、すべての万物と共にとどまりながら、主人を待ってきました。また、人間の数が増えたとしても、真の主人といえる人間がいなかったため、天使たちは万物と共に寂しく待ってきたのです。

（二〇〇〇年十月十日）

第二章　楽園の世界

一　楽園の構造

私たちは「楽園」というものを考えるとき、地獄よりも大変平和で、安定した所のように感じます。皆さんは、「楽園」という名称は、いったい誰がつけたのか、神様が人間のために楽園を創造されたのか、楽園の構造はどのようになっているのかなど、気に掛かることでしょう。

端的に言って、そこは神様が創造された所ではありません。神様はすべての人が、御自身と共に一カ所に住むように願われましたが、地上人は様々な次元の時代的・文化的背景の違いによって、その人生の姿が異なるようになったのです。これによって、神様の前に直接出られない霊人が現れるようになったのです。したがって楽園とは、そのような霊人たちが神様の前に出ていくために、一定期間待機する待合室なのです。

そこには、いろいろな種類のグループや団体があって、宗教においても様々な教団に分かれています。地上人には朝夕通勤する職場があり、家族の集まる家族単位が別々にあり、出勤や退社する時間があり、活動する時間があり、日曜日に教会に行く時間があり、余暇を送る時間が別にあります。この楽園の生活も、地上のそれと似ています。

では、楽園の霊人たちの姿はどうなのでしょうか。いつかいろいろな側面から、霊界の実相を明らかにしたことがあるように、上流層においては、すべてが心で思うと同時になされるようになっています。これが上流層の霊界の実相です。しかしこの楽園は、上流層とは異なり、心で決めたとおりにすべてがなされる所ではありません。

それゆえ、楽園では地上のように出勤して退社する姿とは違いますが、自分たちの適性や趣味に合わせて、グループ同士で働く職場があちこちに散在しており、家族単位で共同体を形成して暮らす姿も地上と似ています。では、地上と異なる点とは何でしょうか。楽園にとどまっている大部分の霊人たちは、自分の霊人体だけが生活しているという事実を知っており、いつか楽園の世界から神様のいらっしゃる天国に移っていくべきである、というはっきりとした目的を持っています。したがって、ここのすべての生活は、地獄とは画然異なります。彼らは、神様のもとに行かなければならないという願いを持って生きるので、より価値ある人生を営むために共に協助し、より善良に生きようと常に努力しています。そこが天国ではないとしても、すべての活動において、彼らは相当肯定的で明るい姿で生きていきます。

ここを大きく分類すると、上流層、中流層、下流層に区分することができます。そして、宗教の教派においても、教派ごとに組織が異なっています。また、ここで生活する霊人たちは、自分が地上にいるのか霊界にいるのか、区別できない人もいますが、時間がたつに従って自分の位相を知るようになります。そして、ここの大部分の霊人たちは、互いに親しく付き合い、他の霊人たちとたやすく友となって暮らしていきます。楽園では、誰でも職場をたやすく求めることができます。しかし、部分的に職場を求めるには若干の困難がある場合もないわけではありませんが、地上のように探しにくく、さまようことはありません。互いに協力し合いながら、職場を紹介し、ある職場が嫌ならばほかに移ることもたやすくできます。ここは、職場探しの難しい地上の場合とは異なります。ここは、上流層、中流層、下流層によって、彼らの生活の様相が各々異なります。楽園の霊人たちは、常に余裕があり、豊かに生活します。

そして、楽園の下流層は、上流層よりも厳しいのですが、地獄とは相当に異なる明るさと希望があります。また、自分の場所で生活する環境と与件は、上流層とは比較になりませんが、地獄よりもはるかに幸福な所です。それだけではありません。人が生きていくには衣食住の問題が常について回るので、その解決のために、地上では死に至るまで衣食住の奴隷となって生きていくのです。

このように、この楽園の生活には、衣食住のための若干の活動が必要です。しかし、衣食住の問題解決の方法はそれほど難しくはありません。どのように解決するのでしょうか。自分の職場の人同士で互いに物々交換をして生きていくのです。服や食糧、さらには自分の家までも互いに分かち合って、交換しながら住んだりもするのです。では、このような物を作り出す所在地は、どこでしょうか。

実に不思議なことがあります。工場でたくさんの服を作り出すのに、様々な生地が山のように積まれていて減らないのです。そして、服を作り出す職人（霊人）たちは、常に余裕ある笑みを浮かべて働き、互いに対話を交わしながら常に平和です。実に穏やかな雰囲気です。工場に山のように積まれた生地は、いったいどこで作られたのでしょうか。それが大変気になります。ところがまた、その工場には、生地を織るための材料までが、常に山のように積まれているのです。それはまた、誰が作ったのでしょうか。最初の原産地は見えず、物は常に積まれていて減りません。そして、その材料は一定の時が来れば腐って廃棄処分しなければならないのに、腐らないのはなぜでしょうか。地上人から見るならば、まるでＳＦ映画やおとぎ話のようでしょう。しかし、これは事実なのです。したがって、楽園の世界に入っただけでも、希望があり、活気に満ちた姿で生きていくことができ、神様に対する慕わしい思いが自然と湧いてくる所です。

（二〇〇〇年十月十二日）

二　楽園の組織

楽園世界の組織や構造は、平面的に見れば地上生活のそれと類似しているようですが、詳細に見つめてみると根本的な差があります。例えば、地上では何か必要なら、その品物を手に入れるためには多くの人材と時間と段取りが必要です。しかし、楽園世界にはその品物の購入先があちらこちらに散在しており、様々な種類の品物が常に豊富にあるので、望みさえすれば常にたやすく購入することができます。地上では何かを購入するには、卸売から小売を経て、自分の手に入るまで、いろいろな段階を経るようになっています。そして、そこに必要な品物がないとき、徒労に終わることもあり、お金が足りなくて購入できないときもあります。しかしここでは、自分に必要な品物は、どこでも常に手に入れることができます。

地上人には理解しがたいことでしょう。楽園世界には、地上のように時間に追われながら、疲れるほどに生きる理由が全くありません。

そして、もう一つ例を挙げてみましょう。キリスト教会で牧師を中心として、日曜日ごとに礼拝を行うとき、各所から多くの信者たちが教会に集まってきます。地上では、タクシーやバスや乗用車を利用して礼拝に参加します。では霊界の霊人たちは、どのようにして礼拝に参加するのでしょうか。牧師が礼拝を行う時間になれば、信徒たちがいつの間に集まったのか分からないのですが、全員が一カ所に集まっていて、礼拝を終えると、既に彼らは各自の位置に戻っています。皆さんは、ここの様子が理解しがたいでしょう。この楽園は、その規模や姿において霊界の上流層と似ている点が多少あります。それゆえ、組織の集まりや動きにおいて、人材が必要なときがあり、全く必要でないときもあります。グループの集まりにおいて、常に余裕があり、生活のスタイル自体も穏やかです。

では、どんな組織で構成されているのでしょうか。地上生活と似た組織が、ここにも大部分存在しています。しかし、ここの霊人たちは、人生の目的も希望も同一です。ひたすら神様のために生きるという目的だけです。

そして、仏教徒においてもいろいろな団体があります。では、仏教徒も神様に向かって生きるという希望を持っているのでしょうか。そうではありません。しかし、仏教圏で善良に生きてここにやって来た霊人たちは、彼らの教派が多少違っても、彼らの生きてきた基準を中心として、穏やかに生きています。それゆえ、そこでも伝道活動が必要なのです。教派ごとに伝道をしています。大部分の組織、社会の姿は、地上と似ています。地上において仏教圏では極楽を、キリスト教では天国に向かって信仰するように、ここの教派の組織もそれに似ています。

では、ここの様々な教派で、真の父母様が誰なのか知っているでしょうか、知らないでしょうか。仏教圏や儒教圏にいる大部分の霊人たちは、真の父母様を知らずにいます。それで彼らのために原理修練をたくさん実施しています。この点も、地上と似ているといえるでしょう。また、地上生活においては、組織をつくるたびに人材が必要で、労働の対価が支払われますが、ここでは組織の活動範囲が様々な分野に分かれていても、教会の会やサークルのように、人材が全く要らない場合が多いのです。ここの大部分の霊人たちは、時間的な焦燥感や切迫感を覚えることはなく、常に余裕ある姿で生きていきます。そしてここの組織社会は、地上のようにお金が必要ではありません。では、どのように暮らし、自分たちの労働の対価がどのように支払われるのでしょうか。日付や時間に関係なく、自分が必要な物はどんな物でも、それが置いてある場所に行って思いどおりに持っていったり、互いに必要でない物があれば、交換して使ったりもします。楽園の世界自体が、各自の家庭のようにこぢんまりとして豊かです。あちこちに彼らに必要な物が常にたくさんあるために、彼らは各自の必要な物を購入するにおいて、互いに争いません。

皆さん、考えてみてください。楽園もこのように豊かで平和なのに、神様がいらっしゃる天国は、どれほど素晴らしいでしょうか！　懐かしき我が家、永遠なる安息所は、神様がいらっしゃる平和なエデンの園であるので、そこに向かって熱心に生きていこうではありませんか！

（二〇〇〇年十月十二日）

三　楽園の生活

楽園の生活は、霊界の上流層や天国の生活とは異なります。しかし楽園に生きる霊人たちは、いつか希望の天国に行ける道があるため、天国の姿と類似した点が多く、似たところも少なくありません。

例えば、天国には惜しいということが一つもありません。そして天国は、何でも考えたとおり、心で決めたとおりに、たちまち実現する所です。しかし楽園は、これとは異なり、大部分の霊人たちは労働力によって自分たちの願いを実現します。時には天国の生活のように労働力を全く必要とせず、彼らの意図したとおりに実現する場合もあります。日常的生活において、そのように惜しむ必要はありません。少しだけ苦労すれば、何でも得ることができ、成就することができます。

しかし、最も惜しいことは、神様が常に共にあるわけではないという点です。しかし、楽園のいくつかの階層の中で、神様が常に関心を持って共にある所があります。そこは幸福で平和な所です。したがって、大部分の霊人たちは、そこを目指して生きています。そして、多くの霊人たちは、天国を目指して生きているため、互いに伝道活動をしています。

では、楽園にはなぜ多くの教派（宗教団体）が入っているのでしょうか。地上生活で大部分の宗教は、信仰の対象として神様（アラー、ヤハウェなど）を奉って生きているからです。そして各自の人生が楽園に来られるくらい善良に生きたならば、その霊人体は楽園に来ることができるのです。楽園の霊人たちは、いつ、より良い場所や天国に行けるのでしょうか。それは神様の認めうる彼らの子孫の実績（功績）、祈祷、献金、善行などがあるとき、彼らはずっと良い所に移っていくことができるのです。そして、最も重要なことは、今やここは興進様《フンジン》の陣頭指揮下にあるため、興進様の指示いかんによって、彼らの位置が違ってくることもあるのです。

しかし、宗教団体がいくら熱心に信仰し、伝道し、犠牲になって奉仕しながら生きたところで、神様が自らの父母であることを根本的に悟れなければ、天国に向かって段階別に移っていくことはできません。したがって、楽園にいる数多くの人々は、一日も早く原理講義を聴いて、神様の心情と復帰の恨《ハン》を悟り、神様が自分の父母であることをはっきりと体恤《たいじゅつ》し、地上にいらっしゃる文鮮明《ムンソンミョン》先生御夫妻が、神様の体をまとって人類を救うために来られた天上天下《てんげ》の真の父母であるということを悟るようになれば、天国に向かって次第に移っていくことができるのです。そうして、この楽園にいる多くの群れに、かなり組織的、体系的に原理修練会を集中的に進めています。

そして興進様は、榮進様《ヨンジン》に楽園世界に対する多くの部分を任せ、その責任を遂行できるように助力されています。時折、興進様は榮進様に勇気を与え、楽園世界の復帰のために集中していらっしゃいます。しかし、肉身を持った地上人が考えるほど、生易しいものではありません。それは、各自の考え方や見方が容易に変わらないからです。彼らは、地上での生の結実によって、この楽園までやって来たと思い、自らの生を自負しているからです。そして、地上で何の宗教も持たずに生きてきた人が、この楽園にとどまっている場合もあり、そのような霊人たちを伝道するのは容易ではありません。楽園という所が完全に天国となるまで、たやすいことばかりではありません。しかし、興進《フンヂン》様は大きな抱負と自負心を持ち、楽園世界に希望を抱いていらっしゃるので、私たち食口《シック》も希望を持って、積極的に活動しています。

（二〇〇〇年十月十六日）

※楽園世界の下流層と、中間霊界の上流層は、ほとんど同一です。

第三章　地獄編

一　地獄の現況

地獄とは、神様が最も嫌う所であり、神様の心を最も悲しませ、そして最も痛める所です。ここは、地上人がつらく苦しいときに、「ああ、地獄だ！　地獄のような生活だ」という表現をよく使いますが、それよりもっと深刻で難しい所です。何一つ思いどおりになることがなく、一抹の喜びも希望も見いだせない難しい所です。そして、最も厳しいのは、自分のつらく苦しい姿が常にむき出しになり、その姿を隠す場所がないので、互いにじろじろ見ながら怨讐《おんしゅう》になるしかないのです。これが地獄の深刻な状況です。ここの霊人たちには、希望も喜びもないため、いつも怒っていら立った姿をしています。その日その日を生きていく生活自体が、ひどく退屈です。しばしば、地上では生活が厳しいと、「地獄のような世の中」と言う場合がありますが、それとは比較にならないほどに厳しい所です。地上では地獄のような生活をしていても、時として気楽に幸福に生きていく人を見ることができますが、ここでは美しい生を全く見いだすこともできません。それればかりではありません。常に悪臭が発生し、明るくないため、周囲を見渡せないことが多いのです。

そして、地上の生の結果によって、ここで最悪の姿で生きていくのです。ここでは、自分たちの生の姿をちょっと変えてみたくても、それは全く不可能なことです。簡単に言うならば、地上で暮らす時の最高に美しい姿で生きていく所が天国ならば、地獄は地上で暮らす時に自分が犯した罪悪の姿を最悪に表現して生きていく所です。それゆえ、この世界のすべての動植物さえも、かわいそうなことこの上ありません。ここは、人間相互間の授受の関係が断ち切れているため、自分自体の色を発揮できずに生きています。言い換えれば、人間の本然の属性から外れており、人間自体の色がほとんどありません。したがって、ここの万物は、暗闇に覆われ、その個体の固有で独特な光を発現できずにいます。

では、ここは常にこのような姿で生きていくのでしょうか。ここの霊人たちは、彼ら自らここに来て、このように苦しく生きているという事実さえ悟れずにいます。ところで、この中から脱皮できる方法はないのでしょうか。そうではありません。神様は、ここをすべてなくしてしまい、ここのすべての塀と壁を崩してしまい、豊かで美しい上流層のように復帰して、共に暮らしたがっていらっしゃいます。これが神様の心情であり、神様の救いのみ手です。それゆえ、ここでもセミナーや修練会があり、教育の場まであります。このような教育に参加して、新しき人になることを願う神様のみ意《こころ》に従っていけば、救済の道があるのです。

ここにも各宗教団体の代表たちが訪問することができ、個人の伝道の道が開かれているため、いろいろな層の人々に教育しています。しかし残念なことに、自分たちの見解から抜け切れないため、救済されるにしても、上流層へ行く者は極めてまれです。地獄の垣根から抜け出た者は、全くいないというわけではありません。ここを復帰するために、様々な側面から修練を試みています。

最も重要な問題は、興進《フンヂン》様が受け持っていらっしゃいます。興進様はここでの事情を、真のお父様が霊界に来られる前に整理しようと努めていらっしゃいます。朴鍾九《パクチョング》宣教師が、タイガーのように情熱的に努める姿と、興進様の沈鬱な姿の前に、病んだ者たちの心がたやすく開かれてほしいと、切に願うばかりです。私たちは、ここの復帰のために、総進軍する準備をしています。

（二〇〇〇年十月十七日）

二　地獄の構造と組織

「地獄」という名前は、真に神様に大変大きな痛みを与える名詞です。神様はここについて何も語れずにいらっしゃいますが、私たちは神様の心情を推し量っています。

地獄の構造とは、天国や楽園とは少しも比較できない所であり、地上生活の最も下流層の生活にも似ていますが、それよりさらに苦しい所です。朝起きても、夕方になっても生活の変化がありません。地上の下流層の厳しさには多少の流動性があるときがあります。人に助けられることもあり、その場を避ければ人の幸福を見ることもできますが、ここ地獄は、人の幸福さえも見ることができません。

例えば、地上生活においては、朝昼晩が来て、自分の会社や仕事場で衣食住を解決するために熱心に努力し、努力した対価ほどの月給をもらって生きていきます。それが共通的な地上の暮らしです。ところが地獄は、地上の最下流の生活と似ていますが、朝起きて訪ねていくべき仕事場がなく、仕事場があるとしても、そこに集まった霊人たちはみな、地獄で生活する霊人たちですから、仕事場にせよ、自分の家庭にせよ、すべてが常に戦場を彷彿《ほうふつ》とさせます。そこにおいては、互いに助け合って「ため」に生きるという心がなく、少しでも楽になってみようとする、自己中心的な生活が見えるだけです。したがって、働く能率が上がらないだけでなく、その雰囲気は常に暗く沈鬱で、互いに大変疲れ切った姿をして向かい合って生活しています。ここでも、地上の組織のような組織と階層があります。ここの上流層であるとしても、地上の下流層よりもさらに厳しいどん底の生活をします。ここの下流層は、地上でもめったに見られないような姿が多く見られます。

そして、組織の責任者が何人か共に集まって相談しようとすれば、もっぱら自分の席に座ったまま、呼ぶふりをしながら、集まりもしません。何度も再び集まれと言えば、手当たり次第に身の回りにある物をつかんでは投げ、最も低質な罵声を浴びせるばかりです。とにかく、このような姿を文章で地上人に理解させるというのは、大変難しいことです。それゆえ組織と構造があるとしても、本来の機能を発揮できずにいます。それゆえ、地獄という所は、それ自体だけで新しい革命をするというのは到底不可能です。しばらく前から興進様《フンヂン》は、地獄に対する新しい計画を立て、下流層の霊人たちに無条件に救済品を分け与えながら、彼らと親しくなるように努力していらっしゃいます。

　ここの霊人たちは、生活自体があまりにも貧しくつらいため、自分たちの苦しさを解決することに集中するばかりです。しかし私たちは、彼らに神様を知らせ、自分たちの本性を見いだすための努力の結果は必ず現れる、ということを教えています。そして、彼らは神様を知らなかったために、罪を犯して生きたために、彼ら自身の姿がそうであるということを悟っています。そして、秋の収穫期の姿が、まさに彼ら自身の姿であることを指摘しながら、彼らに真なる人生を教えています。

　そのようにして、ここで少しでも変わった姿になれば、彼らが直接他人を通じて自分の苦労の代価を与えよと教えています。「始まりが半分」※という言葉があるように、いつかは美しい実が結ばれることを信じて、熱心に努力しています。しかし、地獄に来るたびに、私は地上人にお願いしたく思うことがあります。どうか、ここに来ないでほしい、と。ここから楽園に行くのは、本当に遠く、時間がかかります。いつ神様のもとへ行けるのでしょうか。

（二〇〇〇年十月二十日）

※「物事は始めさえすれば半分は成就したも同じだ」という意味の韓国のことわざ。

三　地獄の人々と生

神様は、人間を創造する時、地獄を創造して、そこで常に苦しみながら生きていくようになさったのではありません。神様は常に、苦しんでいる子供たちのことを思い、心を痛めていらっしゃいます。ある日、神様は「相軒《サンホン》！」と私を呼びながら、「お前の一番の願いは何か。お前はどんなとき最も幸福か。お前はどんなとき最も心が窮屈で痛いか」と尋ねられました。

それで、私は神様に尋ねてみました。「神様、おっしゃってください、神様！　あなたが言わんとされることを話してください！」と。そして、「苦労している子供たちにお会いになりたいのでしょう」と尋ねると、神様は、「相軒よ、私の心をお前は察してくれるのだなあ」とおっしゃいました。ところが、真っ暗闇の中で、おぼろげに照らす明かりの中を、とても細い一筋の光に沿って銀色の鈴のような水滴が、ぽろぽろとこぼれるように流れ落ちていました。その瞬間私は、「これは何だろう」と思って詳しく見てみると、それはほかでもない、子供たちに会いたいという神様の心の涙でした。私はその銀色の鈴のような涙を一粒抱いて、地獄へ持っていきたいと思いました。そして、地獄にいる人たちに、「これは子供たちに会いたい神様の心の涙が集まって、一粒の水滴になったものです」と知らせてあげたかったのです。そのような日々が数え切れないほど多くありましたが、地獄はいまだに解放されていません。

ある日、興進《フンヂン》様は榮進《ヨンヂン》様を連れて、悲惨な場を見せるために苦労しながら地獄に向かわれました。その時、後ろで興進様のお供をしていたタイガー朴《パク》先生は、「まだ早いのではないでしょうか」と引き止められました。ところが、興進様と榮進様は声を合わせて、「大丈夫ですよ」とおっしゃいました。すると、突然私たちの前に、頭からつま先まで全身が、腐った汚水のぬかるみに落ちて出てきたような女性が現れ、「私を救ってください！」と言ったのです。よく見るとその女性は、若くして自殺した人でした。数多くの日々をここで送ってきたのですが、救ってほしいと言うのです。興進様と榮進様は、このような悲惨な姿を御覧になり、どうすることもできないまま、救ってあげたいという思いで辺りを注意深く見回すと、このような姿で生きている人々があまりにも多くいました。興進様と榮進様は、途方に暮れていらっしゃいました。二人の兄弟は、互いの顔をじっと見合わせながら、言葉を失い……。

地獄の現場はこれだけではありません。淫乱で滅びた者は、身の毛もよだつような蛇の穴の中を避けて通り、おびえる姿をしています。人の財産や物を奪って地獄に来た者たちは、口が裂け、胃が外に飛び出して流れた姿をしています。うそで人をひどく非難した人々は、目がひっくり返って飛び出し、舌が外に飛び出した姿をしています。そして、公金で滅びた者は、大きなビルの下敷きになっています。このような姿は、とても言葉では表現できません。

これらの生をいつ本来の位置に戻すべきかという問題をめぐって、興進《フンジン》様は神様から特命を受けられました。それは「一日も早く、彼らをみな苦痛の中から解放しなさい」という命令でした。ところが、これらの群れがあまりにも多いため、興進様は小さな蕩減《とうげん》条件を立てて救い出そうとされました。そうして、そこで原理修練のためにグループ別に集まりを持って、そこに必要な人材と物品を準備しながら、様々な努力をしていらっしゃいます。こちらの実情は、具体的にすべてを説明することはできませんが、興進様は、このような地獄の姿だけは真のお父様に見せてはならないという強烈な執念を持っていらっしゃいます。今後は、もうこれ以上、地上から地獄に来る数字が増えないことを切に願うものです。

四　地獄という所

肉体を持った地上人は、地獄という所についてどんなに説明しても、ただ推測するばかりです。

地上生活を念頭に置いて、ここの現場を考えるなら、理解できないでしょう。ここの実情をどのようにすれば、もっと容易に説明できるでしょうか。そして、どのようにすれば、地上人がここに来ないようにできるでしょうか。この実情を悟らせたい思いは切実ですが、特別な方法がないため、自分なりに一つの文章で表現するしかありません。

地上人は自らの生があまり厳しく苦しいとき、「本当に死んだらいい」と言いますが、自分の家を離れて公園や映画館や道端やデパートなどを歩き回りながら、つらく厳しい瞬間を紛らわすことができます。しかし、この地獄には、そのような瞬間さえもありません。地獄に入ったその日から、苦痛は絶え間なく続くのです。しかし地獄人たちは、自らの苦しさに陥っているので、誰が何を言っても聞く余裕もなく、ついてくることもありません。したがって、伝道や修練をするのが大変難しいのです。

かといって、神様の事情、真の父母様の事情を知りながら、ここをそのまま放置することもできないではないですか。ここの私たちと、数多くの地上人たちの努力と精誠が必要な理由は、まさにここにあるのです。神様はここの実情のゆえに、一日として安らかな日がありません。神様のこのような事情を察するならば、私たちの使命が何であるかは自明なはずです。私たちは、この復帰のために最善の努力をしなければなりません。地上人は、ここのために祈祷しなければなりません。毎日毎日、休む間もなく続く地獄の行列を、どうすればいいのでしょうか。地獄の行列は、あたかも底の抜けたかめに水をくむようなものです。その行列を切る方法とは何でしょうか。

しかし、これまで誰も手をつけられなかったその荒地を、私たちは今、興進《フンヂン》様を中心として新しく開拓しています。あたかも、荒地である南米のジャルジンを真の父母様が開拓なさったように、私たちも、そのような我慢強い心を合わせてそうしているのです。私たち食口《シック》も困難な中で生活していますが、彼らの実情を、生活を通じて悟らせながら、彼らを吸収していこうと覚悟しています。

そして、上流層にいる私たち食口も、ジャルジン修練所のように、四十日修練、二十一日修練などで、地獄のどん底で彼らを教育しながら、良い世界があることを見せ、教えてあげています。私たちはあらゆる方法を総動員して、真のお父様がここへ来られるときは、ここによって真のお父様の前に悲しみや苦痛の影を見せることがないようにしよう、というのがここの私たちの使命です。

興進様は、実に親孝行です。一日も休む日もなく、ここのために祈り、神様の特恵やルーシェルの懺悔《ざんげ》を通して、小さな価値の蕩減《とうげん》条件でもってここの修練所に多くの霊人たちが集まることを切に祈祷していらっしゃいます。上流層にいる私たちは、地獄の修練のために、あらゆる精誠を尽くしています。四十日修練が終わるころ、一人でも多くの霊人をここの修練所に連れてきて、自らの誤った人生を見せてあげ、直接悔い改めさせ、整理できるようにと祈祷しています。
　ここでの私たちの精誠と努力によって、神様がどんな関門を開けてくださるかはまだ分かりません。多くの地上人よ！　こんなにも苦しい地獄に来たくないなら、地上で生きている時、四方を少しずつ見回し、真の生の価値を発見し、肉身の苦しみよりも来世のために、心の平和を求めて生きてほしいのです。肉体の平安は地獄の行列となり、心の平和は永遠の楽園、天国となるでしょう。

（二〇〇〇年十月二十一日）

おわりに

ここに紹介した内容は、一九九八年から二〇〇〇年にかけて、李相軒《イサンホン》先生が霊界を回りながら送ってこられたリポートです。

そこには希望的なことも、胸を痛めざるをえない内容もありますが、一つ言えるのは、その後も真の父母様の勝利圏によって、霊界の様子が大きく変わってきているということです。

特に一九九九年以降、真の父母様は天宙清平《チョンピョン》修錬苑における先祖解怨と先祖祝福の恩恵を通して、私たちの先祖に救いの道を開いてくださいました。

皆さんは、清平修錬苑に行って先祖の解怨式と祝福式をしなければなりません。早く先祖たちを解怨して、祝福を受けさせてこそ、天使世界の（立場の）祝福家庭として、地上の祝福家庭を保護する活動をするのです。そうして、家庭に患難がなくなり、サタンが侵犯できる圏内を抜け出せるようになるのです。そのようにしなければ、抜け出せません。サタン世界にそのままとどまるのです。（天一国経典『真の父母経』一三一三頁）

祝福家庭の皆さんは、氏族（的）メシヤです。霊界と肉界の自分の一族をすべて解放しなければなりません。そのような責任があります。先祖たちのために、皆さんが結婚する時のような蕩減《とうげん》条件を立てなければなりません。そのようにしなければ、霊界の天使たちを動員して、先祖たちを呼び出すことができません。地獄にいる人々を引っ張り出してくるのです。天使を送って、引っ張り出すのです。（天一国経典『真の父母経』一三一三頁）

清平で解怨された先祖は、霊界で百日修練会を受けた上で祝福を受け、絶対善霊として生まれ変わっています。この祝福の恩恵によって、私たちの先祖はもちろん、すべての霊人が真の父母様とつながって解放され、地上の摂理に大きく協助するようになるでしょう。

真の父母様は四百三十代までの先祖解怨・祝福を願われています。私たちは真の父母様と一つになり、霊肉合同作戦で神氏族メシヤの使命を完遂して、天一国を実体化する主人となってまいりましょう。

世界平和統一家庭連合

李相軒先生が霊界から送ったメッセージ

霊界の実相と地上生活【霊界の様相編】

2019年2月10日　初版第1刷発行
2020年1月25日　第2刷発行

編　集　世界平和統一家庭連合
発　行　株式会社 光言社
〒150-0042 東京都渋谷区宇田川町 37-18
電話　03(3467)3105
https://www.kogensha.jp
印　刷　共同印刷 株式会社

ISBN978-4-87656-840-6